Thomas Gonschior

Auf den Spuren der Intuition

Thomas Gonschior

Auf den Spuren der Intuition

Herbig

INTER/AKTION

Dieser Band entstand auf Basis der gleichnamigen
BR-alpha Fernsehreihe,
Idee und Produktion: INTER/AKTION GmbH München.

Umschlaggestaltung: Claudia Sanna
Fotos (Umschlag und Innenteil): Alexander Lauterwasser
Satz: Buch-Werkstatt GmbH, Bad Aibling
Gesetzt aus: 11,1/15 pt. Minion Pro
Druck und Binden: GGP Media GmbH, Pößneck
Printed in Germany
ISBN 978-3-7766-2722-0
Auch als

www.herbig-verlag.de

Inhalt

Intuition – die Kunst des Nichtwissens

Die Wahrheit, die sich in Worten ausdrücken lässt,
ist nie die endgültige Wahrheit.

LAOTSE

Was ist Intuition? – Für die BR-alpha Fernsehreihe *Auf den Spuren der Intuition* bin ich zusammen mit meinem Kollegen Ulrich Bohnefeld über ein Jahr lang dieser Frage nachgegangen. Wir haben uns auf den Weg gemacht und die verschiedensten Menschen besucht: Nobelpreisträger, Künstler, Olympiasieger, Wirtschaftsbosse, spirituelle Lehrer und Lehrerinnen verschiedener Traditionen und Menschen, die im praktischen Leben stehen, ob als Konzernchef oder Wissenschaftlerin, Arzt, Putzfrau oder Bergbauer. Intuition spielt für all diese Menschen eine wichtige Rolle in ihrem Leben, auch wenn sie ganz unterschiedlich damit umgehen. Schon am Anfang unserer Recherchen wurde uns klar: Es gibt sie nicht, *die* Intuition. Es gibt auch keine allgemeingültige Definition von Intuition. Doch wir alle könnten ohne diese unbewussten Prozesse, die wir »Intuition« nennen, keinen Tag überleben. Jeder Mensch kennt Intuition aus eigener Erfahrung. Aber die verschiedenen Facetten dieses Begriffs zeigen sich bei jedem auf andere Weise, im Alltag, im Beruf, in besonderen Lebenssituationen.

Das Wort »Intuition« hat seine Wurzeln im Lateinischen:

»intueri« bedeutet so viel wie »hineinsehen«, »anschauen«, »erkennen«. Was erfahre ich, wenn ich meinen Blick nach innen wende, in mich hineinlausche und in mich hineinspüre? Die Frage zielt schon auf das Wesen der Intuition: Es ist etwas sehr Persönliches und Individuelles. Intuition ist immer dann gefragt, wenn ich mich auf keine äußeren Vorgaben stützen kann. Wenn ich mich nicht an starren Regeln orientiere, wenn ich bei meinen Entscheidungen auf mich selbst verwiesen bin, wenn ich mich von einem Gefühl für das Richtige, das Stimmige, das im Moment Passende leiten lasse, ohne genau sagen zu können, warum. Immer dann bin ich im Reich der Intuition.

So gesehen spiegelt unser Umgang mit der Intuition den Kern unserer Persönlichkeit. Wer über seine Intuition spricht, gibt sein Innerstes preis. Die Frage nach der Intuition führt zur Frage: Wer bin ich?

Die Gespräche mit den Menschen, denen wir auf den Spuren der Intuition begegneten, waren fast durchwegs sehr offen und sehr persönlich. Wir sind ohne fertiges Konzept auf unsere Gesprächspartner zugegangen. Wir wollten von jedem Einzelnen wissen: »Wie gehen Sie, ganz individuell, mit Ihrer Intuition um? Was sind Ihre Erfahrungen?« Manche hatten Antworten vorbereitet. Zettel in der Hand. Aber uns ging es nie darum, Statements abzufragen. Und die wenigen Male, wo wir es versucht haben, hat es nicht funktioniert. Dann fehlte den Antworten die Kraft, der Esprit. Dann fielen sie aus dem Rahmen. Sie fanden, wie von selbst, keinen Eingang in unsere Sendungen.

Meist jedoch ergaben sich wirkliche Gespräche. Sie haben uns, Ulrich Bohnefeld und mir, auch ganz persönlich immer wieder neue Perspektiven eröffnet oder uns wieder erinnert an eigene, oft längst verschüttete Erfahrungen. Sie haben uns berührt und sie haben uns verändert. Noch heute erlebe ich mich in Situationen, in denen mir plötzlich Sätze unserer Gesprächspartner in Erinnerung kommen. Sie werden mir immer wieder zum Kompass bei Entscheidungen auf dem Weg durchs Leben. Im Rückblick auf unsere Arbeit ist das Erstaunliche und Unerwartete für mich, welche Prozesse diese intensive Beschäftigung mit Intuition in mir selbst ausgelöst hat.

Ich lasse mich heute zum Beispiel viel bewusster und vertrauensvoller auf Situationen ein, die meine Intuition erfordern. Das schließt immer das Wagnis ein, hinauszugehen in eine unbekannte Welt. Bei Intuition geht es immer um Nichtwissen. Wenn ich schon weiß, brauche ich keine Intuition mehr. Nichtwissen öffnet der Intuition das Tor. Immer dann, wenn unser Intellekt und unser Verstand überfordert sind und die Zügel aus der Hand geben, besteht die Chance, mit unseren intuitiven Fähigkeiten in Kontakt zu kommen. Der Verstand kommt erst hinterher wieder ins Spiel, um das Gefundene zu prüfen.

Wir haben es allerdings gern, wenn wir die Umstände, in die uns das Leben führt, kontrollieren können. Wir fühlen uns wohl, wenn wir die Prozesse, in die wir verstrickt sind – egal ob im Beruf oder in der Familie –, überblicken und beherrschen. Wenn man seinem Chef zum Beispiel bekennen muss, dass man für ein Problem noch keine Lösung im Kopf hat, dass man nicht weiß, wie es weitergeht, und nur ahnt, wohin das Ganze führt, dann ist das nicht immer angenehm. Das kann Schweißperlen auf die Stirn treiben, bei allen Beteiligten, und zu erhöhtem Blutdruck und schwitzigen Händen führen. Aber ich habe die Erfahrung gemacht, dass solche Situationen tatsächlich oft die fruchtvollsten Ergebnisse zeigen, wenn man sie durchsteht.

Um offen zu sein für unsere Intuition, müssen wir dem Nichtwissen Raum geben, auch wenn uns das meist etwas unheimlich ist und Angst macht. Auf was verlasse ich mich, wenn der Verstand die Kontrolle abgibt?

In meinem eignen Leben spielte der Begriff »Intuition« noch keine wirklich große Rolle, bevor Ulrich Bohnefeld und ich uns im Auftrag der Münchner Produktionsfirma InterAktion auf die Reise machten. Aber wir lernten schnell: Es gibt Spannendes zu entdecken.

Was wirklich zählt, ist Intuition.

ALBERT EINSTEIN

»Geh in die Instabilität hinein!«, sagte uns der Physiker Professor Dr. Hans-Peter Dürr. »Wenn du das Gefühl hast: ›Jetzt weiß ich nicht mehr weiter‹, dann ist das die große Chance für die Intuition. Dann kann es passieren, dass man auf etwas ganz Neues stößt, vielleicht einen Gedanken denkt, den noch nie jemand zuvor gedacht hat.«

Was heißt in die Instabilität gehen? Hans-Peter Dürr veranschaulicht das am Beispiel eines einfachen Pendels:

»Das Pendel ist ein wunderbares Beispiel. Es ist ganz einfach. Ich kann es mit einem Bleistift vergleichen, den ich zwischen meinen Fingern hin- und herschwingen lasse. Er wird sich von selbst immer am untersten Punkt, im sogenannten Ruhepunkt, einschwingen. Hier hängt er ganz sicher und kann unbegrenzt lange so verweilen. Das ist der wahrscheinlichste Zustand eines Pendels: Es hängt einfach nach unten. Das ist genauso wie bei meinem Schreibtisch: Am Anfang ist er vielleicht aufgeräumt, und wenn ich einen Tag daran gearbeitet habe, dann habe ich hier wieder einen unordentlichen Saustall, alles durcheinander. Das ist der natürliche Zustand des Schreibtischs. Er hat die Tendenz, immer in diesen unaufgeräumten Zustand zurückzukehren. Der Saustall ist das Stabilste. Aufzuräumen erfordert immer wieder einen Energieaufwand. Und der aufgeräumte Zustand hält nicht lange an. Die perfekte Ordnung ist hier der instabilste Zustand.«

Wir sitzen mit Professor Dürr in seinem Arbeitszimmer im Max-Planck-Institut für Physik in München. Lange Jahre war er Direktor des Instituts. Sein Zimmer zeigt: auch wenn er mittlerweile emeritiert ist, an seinem Schreibtisch wird viel gearbeitet. Der Schreibtisch ist in seinem stabilen Zustand: Bücher und Post stapeln sich. Das ganze Arbeitszimmer scheint beinahe überzuquellen von angesammelter Information. Das spiegelt auch das Gespräch mit Professor Dürr: Sobald er merkt, dass wirkliches Interesse da ist, sprudelt es aus ihm heraus wie aus einer reichen Quelle. Er ist kaum mehr zu stoppen:

»Beim Pendel ist der Punkt der höchsten Instabilität genau auf der Spitze. Wenn ich es senkrecht nach oben stelle, weiß ich nicht mehr, was passiert. In welche Richtung wird das Pendel kippen, nach links oder nach rechts? Das kann kein Mathematiker, kein Physiker mit Genauigkeit vorhersagen. Das Gesetz der Schwerkraft zerrt jetzt von allen Seiten gleichzeitig an diesem Pendel. Einen Moment bleibt es in der Instabilität stehen, genau auf der Spitze. Wir nennen das ›instabiles Gleichgewicht‹. Man könnte auch sagen, das Pendel ist jetzt höchst sensibel für alles, was in seiner Umgebung passiert. Die winzigste Veränderung kann jetzt den Ausschlag geben, und das Pendel kippt in eine Richtung. Wenn man es auf der Spitze immer feiner in der Mitte justiert, gewinnt plötzlich die gesamte Umgebung an Einfluss. Alles kann jetzt ausschlaggebend sein für die Frage: nach links oder nach rechts? Da ist der Wissenschaftler, der neben dem Pendel steht und durch seine eigene Anziehungskraft das Pendel in eine Richtung kippen lässt. Oder ein Auto fährt gerade am Institutsgebäude vor und gibt in dem Moment den Ausschlag. Vielleicht hängt es auch vom Mond ab, wie er gerade steht. Oder jemand braucht nur irgendwo eine Bewegung zu machen, und das kann der entscheidende Auslöser sein: Das Pendel kippt. Letztlich kann ein einzelnes Lichtteilchen, das uns gerade vom Andromeda-Nebel erreicht, darüber entscheiden, ob das Pendel in diesem Moment nach rechts oder nach links kippt. In dieser sensiblen Situation ist das Pendel tatsächlich mit dem gesamten Universum verbunden. Wenn es sprechen könnte, würde das Pendel sagen: ›Ich spüre jetzt alles. Je mehr ich in der Mitte bin, umso mehr muss ich die ganze Welt in die Rechnung mit einbeziehen.‹ Der momentane Zustand des Universums als Ganzem entscheidet, in welche Richtung das Pendel kippt. Hier wird das Pendel sozusagen lebendig. So wie es Goethe ausdrückte: ›In der lebendigen Natur geschieht nichts, was nicht in einer Verbindung mit dem Ganzen stehe.‹«

Was aber hat diese spannende Erkenntnis mit unserer Frage nach dem Wesen der Intuition zu tun?

»Ich glaube, Intuition ist nichts Privates. In meiner Sprache, der Sprache der Physik, würde ich sagen: Die Intuition kommt aus diesem größeren Hintergrund, der uns alle verbindet. Die Intuition wird aus diesem Hintergrund gefüttert, der eine ganz andere Struktur hat. Er ist vieldimensional. Wenn ich diesen Raum dann aus meiner gewohnten dreidimensionalen Perspektive betrachte, dann erkenne ich immer nur eine Projektion. Vergleiche hinken immer, aber es ist vielleicht ein wenig so, wie wenn ich an meinem Computer arbeite und dabei einen Zugang zum Internet habe. Ich kann auf alles zurückgreifen, was ich selbst einmal auf meiner Festplatte abgespeichert habe. Aber Intuition ist noch mehr. Jetzt habe ich, wie beim Anschluss an das Internet, Zugang zu einem Wissen, das nicht auf meiner Festplatte gespeichert ist, sondern da ist noch ein Wissen im Hintergrund, zu dem ich ebenfalls Zugang habe. Intuition wird meiner Meinung nach aus so einem reichhaltigen Hintergrund gefüttert. Nach 3,5 Milliarden Jahren der Evolution des Lebens auf unserem Planeten haben wir alle ein Programm im Hintergrund, das uns lehrt, mit Instabilitäten umzugehen, ohne dabei zu fallen.

Das Pendel, das wir vorhin betrachtet haben, hat nur *einen* solchen Instabilitätspunkt, in dem es mit dem gesamten Universum verbunden ist. Diese Instabilität ist nur von kurzer Dauer. Wenn das Pendel einmal kippt, pendelt es sich langsam am toten Punkt, am Nullpunkt, ein. Ich kann das Pendel lebendiger machen, indem ich Arretierungen löse. Dann habe ich ein sogenanntes Tripel-Pendel, ein Pendel an einem Pendel an einem Pendel. Das ist nun schon viel lebendiger. Wenn ich es anstoße, erreichen die einzelnen Pendel immer wieder den Instabilitätspunkt, und immer wieder ist die Frage: Kippt es nach links oder nach rechts? Man spricht nun auch von einem ›Chaos-Pendel‹, denn die Bewegungen so eines Pendels sind nicht mehr berechenbar, sie lassen sich also auch nicht voraussagen. Je mehr Instabilitäten vorkommen, umso lebendiger wird das Ganze.

In uns Menschen sind Billionen mal Billionen dieser Instabilitäten. Das macht uns so lebendig und auch unberechenbar. Und diese Instabilitäten sind die Voraussetzung für jede Weiterentwicklung. Ein einfaches Beispiel: Wenn wir auf einem Bein stehen, sind wir nicht sehr stabil, dann fallen wir leicht um. Stehen wir auf dem anderen Bein, sind wir in der gleichen wackeligen Lage. Aber was passiert, wenn wir gehen? Wir kippen aus dem Gleichgewicht, und das andere Bein fängt uns ab, immer im Wechsel. Wenn die Beine kooperieren und zusammen gehen, gelangen wir in ein dynamisches Gleichgewicht, ein Gleichgewicht in einer ganz neuen Dimension. Jetzt können wir laufen. In uns ist also ein Programm gespeichert, das uns nicht nur lehrt, wie wir Instabilitäten überstehen, ohne zu stürzen, sondern es lehrt uns, wie wir Instabilitäten kreativ nutzen können. Das geschieht nicht dadurch, dass wir das Lebendige zurücknehmen und instabile Punkte wieder fest verschrauben – in dem genannten Beispiel hieße das, dass wir rechtes und linkes Bein zusammenbinden –, nein, ganz im Gegenteil. Es geschieht dadurch, dass wir eine zusätzliche Bewegung hineinbringen und so ein neues dynamisches Gleichgewicht in einer anderen Dimension erhalten.

Das ist für mich das Paradigma des Lebendigen, das Wesen der Evolution: Es erreicht immer neue Dimensionen durch den dynamischen Ausgleich von Instabilitäten, durch Kooperation. Wir selbst sind dafür das beste Beispiel. Wir haben verschiedenste Zellen in unserem Körper: Muskelzellen, Gehirnzellen, Blutzellen und viele mehr. Nur weil all diese Milliarden Zellen in uns zusammenwirken, weil sie sich gegenseitig stabilisieren und unterstützen, nur darum leben wir. Die Lebendigkeit der Materie tritt in Erscheinung, wenn das Gesamtsystem in einen Zustand instabiler Balance gebracht wird. In einem labilen Schwebezustand können sich auf einmal diese Lebendigkeit, diese Offenheit, diese Unvorhersehbarkeit, die Kreativität und auch die Intuition entfalten, die der Wirklichkeit eigentlich zugrunde liegen.

Wenn wir uns auf Intuition einlassen, wenn wir bewusst in die Instabilität gehen, in diesen hochsensiblen Zustand, wenn wir mit unserem Verstand nicht mehr weiterwissen, dann können wir in Verbindung mit einer ganz anderen Dimension kommen, sozusagen mit dem Ganzen im Hintergrund. Die Sensibilität, mit der wir die Wirklichkeit geistig erfassen, wird durch Instabilität erkauft. Wenn wir im stabilen Grundzustand sind, passiert uns nichts, aber das Geistige könnte in uns nicht mehr zum Ausdruck kommen, die Welt der Ahnungen und der Intuition wäre verschüttet, denn alles Lebendige mit seiner Offenheit und Kreativität wäre in diesem Fall sozusagen weggemittelt, verrauscht und verflimmert. Die absolute Sicherheit, wenn ich darauf beharre: Am besten schieß dir eine Kugel durch den Kopf, dann hast du die Sicherheit. Das Lebendige muss die Unsicherheit ertragen und erhalten. Den statisch stabilen Zustand, also absolute Sicherheit zu erreichen, bedeutet, für das Lebendige zu sterben.«

Bevor er Direktor des Max-Planck-Instituts für Physik in München wurde, war Hans-Peter Dürr über viele Jahre ein enger Mitarbeiter des Physik-Nobelpreisträgers Werner Heisenberg. Heisenberg zählt zu den bedeutendsten Physikern aller Zeiten. Manche sprechen vom »Beethoven der Physik«. 1925, gerade einmal 25 Jahre alt, hatte Werner Heisenberg seine revolutionäre Theorie der Atome, die sogenannte Quantenmechanik, mathematisch formuliert, wofür er später den Nobelpreis erhielt.

Die Quantenmechanik bereitete den Weg für die technische Revolution unserer Zeit: die moderne Chemie, Mikrochips, die gesamte Informationstechnologie, vom Computer bis zum Handy, aber auch Atomreaktoren und Atombomben basieren auf den Entdeckungen der Quantenphysik. Für Heisenberg und viele seiner Weggefährten waren allerdings die philosophischen und weltanschaulichen Fragen, die diese moderne Physik mit sich brachte, noch weitaus revolutionärer als die technischen Entwicklungen, die sie angestoßen hatten.

Heisenberg gehörte in den 1920er-Jahren zu einer Gruppe hochtalentierter Wissenschaftler, die versuchten, den zentralen Fragen der Atomphysik auf den Grund zu gehen: Was ist die Grundlage der Materie? Was ist es, das die Welt im Innersten zusammenhält?

»Wenn ich Materie in immer kleinere Stücke zerhacke, dann bin ich irgendwann ein Atomphysiker«, sagt Hans-Peter Dürr etwas salopp. Quantenphysiker haben das wissenschaftliche Zerlegen und Analysieren unserer Welt auf die Spitze getrieben. Irgendwann, so glaubte man, finde man dann zu den kleinsten unteilbaren Bausteinen der Welt, den Atomen, unteilbaren Bestandteilen, aus denen die gesamte Welt aufgebaut ist. Aber es kam ganz anders. Heisenbergs Quantenmechanik eröffnete eine völlig neue Dimension der Wirklichkeit:

»Die moderne Physik ist zu einer überraschenden Erkenntnis gekommen: Materie ist nicht aus Materie aufgebaut!«, erklärt Professor Dürr. »Das Fundament der Welt ist nicht materiell. Stattdessen finden wir hier Informationsfelder, Erwartungsfelder. Die Felder in der Quantenphysik sind nicht nur immateriell, sondern sie wirken in ganz andere, größere Räume hinein, die nichts mit unserem dreidimensionalen Raum zu tun haben. Es ist ein reines Informationsfeld und hat nichts mit Masse und Energie zu tun. Dieses Informationsfeld ist nicht nur innerhalb von mir, es hat keine Beschränkung. Es erstreckt sich über das gesamte Universum. Die Quantenphysik sagt uns, dass die Wirklichkeit ein großer geistiger Zusammenhang und unsere Welt voller Möglichkeiten ist. Wir leben in einer noch viel größeren Welt, als wir gemeinhin annehmen.«

Es war Werner Heisenberg, Hans-Peter Dürrs verehrter Lehrer, der Ende der 1920er-Jahre als Erster formulierte: »Ein Atom ist kein Ding!« Das heißt, die Grundlage unserer Welt bilden nicht winzig kleine Dinge, sondern etwas, wofür wir kaum mehr eine Sprache haben.

»Im Grunde gibt es nur das Eine, das sich prinzipiell nicht in Bestandteile aufteilen lässt. Es ist mehr etwas Lebendiges. Es sind Prozesse«, erklärt Hans-Peter Dürr. »Heisenberg suchte intensive Gespräche mit seinen Mitarbeitern. Dabei ging es um die kniffeligsten Fragen der neuen Physik. Das führte ihn selbst immer wieder in Situationen, in denen er bekennen musste: ›Ich weiß jetzt überhaupt nichts mehr. Ich bin total verunsichert. Ich fühle mich völlig verloren.‹ Dann begann Heisenbergs Aufmerksamkeit noch intensiver zu werden. Heisenberg sagte dann oft: ›Jetzt sind wir genau richtig. Wenn man nicht mehr weiß. Wenn man hinspüren muss. Wenn man sich wie in einem dunklen Raum vorantasten muss, ganz wach, mit allen Sinnen, dann ist man auf der richtigen Spur. Dann kann etwas Neues auftauchen.‹ Wenn sich dieses Neue in einer Ahnung ankündigte, von der man aber noch keinen klaren Gedanken fassen konnte, dann meinte Werner Heisenberg: ›Jetzt sprechen wir nicht weiter. Jetzt zerreden wir es nicht. Wir treffen uns in ein paar Tagen wieder und bis dahin denken wir nicht mehr daran. Mal sehen, was dann kommt.‹ In solchen Situationen hatte ich immer meine besten Einfälle. Das sind die Räume, in denen ich erfahren habe, wie Intuition wirken kann.«

Mit Logik kann man Beweise führen,
aber keine neuen Erkenntnisse gewinnen.
Dazu gehört Intuition.
HENRI POINCARÉ

Wir hatten von Eva Maria Steimle, unserer Redakteurin bei BR-alpha die Mahnung mit auf den Weg bekommen: »Versucht, das Thema wissenschaftlich zu bearbeiten. Verstrickt euch nicht in Esoterik!« Die Begegnung mit dem Physiker Hans-Peter Dürr zeigte uns, dass wir auch die Frage »Was ist wissenschaftlich?« neu überdenken mussten. Mit »Intuition« verband ich von vornherein Begriffe wie »nicht greifbar«, »vieldeutig«, »subjektiv«. Überraschenderweise schienen diese Begriffe nun auch auf die vermeintlich exakteste aller Naturwissenschaften zu passen: die Physik.

»Was wirklich zählt, ist Intuition«, hat Albert Einstein einmal gesagt. Und auch der Österreicher Professor Dr. Dr. Anton Zeilinger, einer der renommiertesten Physiker unserer Tage und in den letzten Jahren immer wieder ein heißer Kandidat für den Physik-Nobelpreis, bestätigt uns: »Die Wissenschaft ist zu einem Großteil Intuition. Es geht darum, neue Dinge zu finden, an die bisher noch niemand gedacht hat. Und die wirklich neuen Dinge kann man nicht durch logisch-systematische Fortsetzungen der bisherigen Arbeiten finden, sondern da muss wirklich was Neues her, etwas, was bisher nicht da war. Das ist Intuition, die da ins Spiel kommt.«

Als ich begann, mich mit dem Thema »Intuition« auseinanderzusetzen, flackerten auch in mir gelegentlich altbekannte Vorurteile auf: Ist Intuition nicht vor allem eine Gefühlsduselei? Hoheitsgebiet der Frauen? Eine billige Ausrede für Denkfaule? Nach dem Motto: Wenn mir gar nichts mehr einfällt, dann berufe ich mich auf Intuition. Für aufgeklärte Denker schien Intuition doch etwas, was man bestenfalls milde belächelt. Oder ist das neu entflammte Interesse an Intuition sogar ein Schritt zurück ins dunkle Mittelalter? Mit diesen Vorurteilen befand ich mich offensichtlich in guter Gesellschaft:

»Wir haben seit ungefähr 300 Jahren eine Kultur des Misstrauens gegenüber Intuition, und das wird dadurch gespeist, dass man die Intuition Frauen zuschreibt, und es wird dadurch gespeist, dass man denkt, man könne alle Probleme durch Nachdenken besser lösen«, erklärt uns Professor Dr.

Gerd Gigerenzer, Direktor am Max-Planck-Institut für Bildungsforschung in Berlin.

Wie ist es dazu gekommen?

»Intuition galt einmal als direkte Auffassung von den Zuständen der Welt. Es war ein direkter Zugang. Wenn Sie in einer klassischen religiösen Welt leben, dann haben Sie, zumindest in unseren Breiten, die Fiktion von einem allwissenden Gott. Der braucht nichts zu berechnen. Der sieht sofort alles, der weiß alles schon. Da haben Sie eine Welt der Intuition. In dieser Welt ist Intuition ganz oben angesiedelt. Man hat dann ein anderes Weltbild. Man meint, das mühselige Nachdenken, das Faktenfinden, das ist etwas, was uns Menschen auferlegt ist, weil wir eben diese unmittelbare Intuition, den direkten Zugang zu dem Wesen der Dinge, verloren haben. Heute ist es genau umgekehrt, man meint, das analytische Nachdenken und Berechnen sei der einzig richtige Weg.

Im Zuge der Aufklärung wurde Intuition in die Rolle des Zweifelhaften und des Zweitklassigen gedrängt. Man stellte nun die Ratio über die Intuition. Genauso, wie man schon seit Langem Männer über Frauen gestellt hatte. So entstand dieses Bild, dass Frauen Intuitionen haben, wir Männer aber rational sind. Das hat man heute noch. Es wird zwar nicht mehr als politisch korrekt angesehen, aber wenn Sie, wie wir es gemacht haben, untersuchen: Was denkt der durchschnittliche männliche Deutsche und was die durchschnittliche weibliche Deutsche?, dann finden Sie diese Annahmen immer noch. Das hat uns dahin gebracht, dass wir die eine Methode überschätzen und die andere unterschätzen. Und es hat uns dahin gebracht, dass wir unsere eigenen Intuitionen nicht sehr gut verstehen, weil wir auch kaum darüber reden. Es hat auch dazu geführt, dass Intuition in den metaphysischen Bereich abgeschoben wurde, in den Bereich des sechsten Sinns etwa. Dadurch wurde Intuition weiter abgewertet als Aberglaube. Ich versuche zu zeigen, dass Intuition unbewusste Intelligenz ist, die genauso intelligent ist wie bewusste Formen von Intelligenz.«

Das Max-Planck-Institut für Bildungsforschung in Berlin-Dahlem ist ein nüchterner Betonbau. Er wirkt auf mich wie ein Bienenstock, in dessen vielen Zellen Wissenschaftler ihren Forschungen nachgehen. »Das Max-Planck-Institut ist ein Forschungsparadies«, so Professor Gigerenzer. »Die gesamte intellektuelle Atmosphäre hier ist anregend und inspirierend. Ich genieße es, hier zu arbeiten.« Der habilitierte Psychologe untersucht seit Jahren auf wissenschaftlicher Basis, wie wir Menschen Entscheidungen treffen. »Ich untersuche vor allem, wie Menschen mit einer unsicheren Welt umgehen. Viele von unseren Entscheidungen sind unbewusst. Unbewusst bedeutet, dass man zwar weiß, was man möchte, aber nicht, warum. Während meiner Forschungen zeigte sich immer deutlicher, dass vor allem wichtige Entscheidungen in allen Bereichen des Lebens, in der Wirtschaft, in der Wissenschaft, aber auch im privaten Bereich – etwa die Frage, in wen man sich verliebt –, unbewusste, intuitive Entscheidungen sind. Man folgt seinem Bauchgefühl, aber man weiß nicht wirklich, warum.«

Das überraschende Ergebnis der Forschungen, die Gerd Gigerenzer leitet, an denen aber Wissenschaftler aus verschiedenen Fachbereichen zusammenarbeiten: Schnelle, intuitive Entscheidungen führen in vielen Fällen zu besseren Ergebnissen als aufwendige, rationale Analysen.

21

»Ich kann als Direktor am Max-Planck-Institut sehr analytische Methoden einsetzen, aber sie sagen mir nicht, wo ich hingehen soll, um zu spüren, wo die wichtigen Fragen sind. Dazu braucht man Intuition. Das kann man nicht rechnerisch ableiten. Um dann zu prüfen, ob diese Fragen und die Antworten darauf stimmen, dafür braucht man analytische Methoden. Und das ist die Kernbotschaft: Es geht nicht um Kopf oder Bauch, sondern es geht immer um Kopf *und* Bauch, und die Frage ist: Wie können wir in unserer Gesellschaft entspannt damit umgehen, dass auch unbewusste Entscheidungen eine Form von Intelligenz sind? Es ist ein Irrtum anzunehmen, Intelligenz sei zwangsläufig bewusst und hänge nur mit Überlegung zusammen. Insgeheim wissen wir das auch. Ich arbeite mit großen, internationalen Firmen zusammen, und unsere Untersuchungen haben gezeigt, dass Top-Entscheider, bis in den Vorstand hinein, in ungefähr 50 Prozent der Fälle ihre Entscheidungen intuitiv treffen. Sie folgen ihrem Bauchgefühl, können aber nicht sagen, warum.«

Was ist für Gerd Gigerenzer überhaupt Intuition und woher kommt sie seiner Ansicht nach?

»Ich definiere Intuition als etwas, das drei Eigenschaften hat: Es ist unbewusstes Wissen, das sehr schnell im Bewusstsein ist, dessen Gründe wir nicht kennen, das aber dennoch unser Verhalten steuert. Und eine der wichtigsten und auch überraschenden Erkenntnisse für mich war, dass wir in vielen Fällen identifizieren können, was diesen intuitiven Prozessen zugrunde liegt. Es sind oft sehr einfache Prinzipien, Faustregeln oder Heuristiken, wie wir in der Wissenschaft sagen. Das geht vielen Menschen immer noch sozusagen gegen den Strich. Viele glauben, man müsse komplexe Sachverhalte mit komplexen Prozessen erklären. Es ist oft ganz anders.«

Professor Gigerenzer nennt auch gleich ein einfaches Beispiel:

»Eine einfache Heuristik oder Faustregel, der wir intuitiv oft folgen, ist das Wiedererkennungsprinzip oder Namenserkennungsprinzip. Wir haben das an verschiedenen Beispielen im Detail untersucht. In einer der Untersuchungen haben wir Börsen-Experten den Aktienverlauf vorhersagen lassen. Gleichzeitig haben wir ›Otto Normalverbraucher‹ befragt. Diese Personen hatten von manchen Aktien gehört, von anderen nicht. Und sie entschieden sich in der Regel zum Kauf der Aktien, die sie vom Namen her kannten. Das ist wahrscheinlich nicht das Konzept, das Ihnen Ihr Bankberater empfehlen würde. Hier gilt in der Regel: Ein komplexes Problem erfordert komplexe Lösungen. Unsere Studien haben aber gezeigt, dass dieses Wiedererkennungsprinzip – also ›Kaufe das, was du kennst‹ – im Schnitt zu genauso guten oder noch besseren Investitionen führt als das beste Wissen, das hoch bezahlte Wall-Street-Manager oder Deutsche-Bank-Manager haben. Ich habe das selbst ausprobiert und während unserer Forschungsarbeit mein Geld auf die Gruppe der Ignorantesten gesetzt. Das waren in diesem Fall Fußgänger am Münchner Marienplatz, und ich habe nie zuvor bei einem Experiment so viel Geld verdient. Das ist erstaunlich auf den ersten Blick, aber das hängt damit zusammen, dass hier einfache intuitive Prinzipien in der richtigen Situation eine ungeahnte Kraft entfalten. In bestimmten Situationen führt weniger Wissen eindeutig zu besseren Ergebnissen.

Wir haben am Max-Planck-Institut auch versucht herauszufinden, wie viel Wissen man anhäufen müsste, um am Aktienmarkt durch aufwendige Computeranalysen eindeutig bessere Ergebnisse zu erzielen als durch unbewusste Bauchentscheidungen. Das Ergebnis: Wenn Sie 50 Aktien als Alternativen zur Wahl haben, müssten Ihnen die Aktiendaten der vergangenen 500 Jahre zur Verfügung stehen. Das heißt, etwa im Jahr 2500 lohnt es sich, auf diese komplexen Berechnungen umzusteigen, vorausgesetzt, es gibt die gleichen Aktien immer noch und auch den Aktienmarkt überhaupt.«

Lässt sich der Wissenschaftler Gigerenzer tatsächlich auch in seinem persönlichen Leben mehr von der Intuition als vom Verstand leiten?

»In meinem wissenschaftlichen Arbeiten und auch im privaten Leben ist es immer ein Spiel zwischen Kopf und Bauch. Wenn man in der Wissenschaft interessanten neuen Fragen und Wegen nachgeht, da ist es ganz einfach, da gibt es keine Berechnung. Da muss man hinspüren, um auf die richtigen Fragen zu kommen. Aber man braucht den Kopf, um das zu prüfen, was man gefunden hat. Im privaten Bereich ist das auch so. Ich habe meine Frau nicht durch Berechnung ausgewählt, sondern ganz anders. Ich weiß, dass ich mich in vielen Bereichen auf mein Gefühl verlassen muss. Und man lernt auch, dass einem das vieles erleichtert. Man kann Entscheidungen schneller treffen, man ist eher zufrieden mit den Entscheidungen, und sie sind meistens auch besser, als wenn man immer mehr rationale Gründe abwägt. Es gilt die Faustregel: Je mehr man von einer Sache versteht, umso besser ist es, sich auf seine Intuition zu verlassen. Unsere Forschungen haben gezeigt, dass Experten, also Menschen, die viel Erfahrung und langes Training haben, zuerst die besseren Lösungen für ein Problem einfallen und später dann die schlechteren. Das kann man auch als Prinzip nehmen, wenn man in einer Firma oder einer Kommission wichtige Entscheidungen zu treffen hat: Machen Sie die Sitzung kurz! So kommen drittklassige Optionen gar nicht mehr auf den Tisch. Solche Prinzipien kann man überdenken, und man kann sie ausprobieren. Ich glaube, dass die Wissenschaft von den Intuitionen in Zukunft einer der ganz fruchtbaren Bereiche sein wird für viele Aspekte unseres gesellschaftlichen Lebens.«

Wir leben in einem gefährlichen Zeitalter.
Der Mensch beherrscht die Natur, bevor er gelernt hat,
sich selbst zu beherrschen.
ALBERT SCHWEITZER

»Wenn wir Menschen weiterhin die innere Stimme unseres Herzens blockieren, die uns mit allem verbindet, und weiter im Alleingang gehen, setzt sich das fort, was wir gerade überall erleben: Wir fallen aus den natürlichen Rhythmen heraus und finden uns in einem großen Chaos wieder«, sagt Naupany Puma.

Noch bevor wir mit unseren Filmarbeiten begannen und uns auf die »Spuren der Intuition« machten, lernte ich durch meinen Kollegen Ulrich Bohnefeld diesen außergewöhnlichen Menschen kennen. Naupany Puma ist ein Nachfahre des großen Kulturvolkes der Inka in Südamerika. Er ist einer der letzten Hüter der großen Weisheitstraditionen dieses von den europäischen Eroberern beinahe völlig ausgelöschten Volkes. Naupany Puma ist in den Amazonaswäldern Ecuadors aufgewachsen. Er hat nie eine Schule besucht. Seine Lehrer waren der Wald, die Natur und vor allem die Sonne. Er ist ein Sonnenpriester in der Inka-Tradition. »Ich sehe es heute als meine Pflicht, unsere alten Überlieferungen mit den Menschen in der Welt zu teilen«, erklärt er. »Es geht um das Leben von ›Pachamama‹, unserer Mutter Erde. Wir alle, alle Menschen, sind ihre Kinder, wir sind aus ihr geboren. Aber viele haben vergessen, wer sie sind, und darum bringen wir unsere eigene Mutter in Gefahr. Wir verletzen sie, weil viele Menschen verlernt haben, auf ihre innere Stimme zu hören.«

Naupany wirkt jung, vital, voller Leben. Er ist rund 40 Jahre alt. Seit einigen Jahren reist er als Vertreter der indigenen Stämme Südamerikas um die Welt. Häufig ist er als Gastreferent bei Kongressen geladen und er besucht Treffen mit Schamanen, Heilern und Ältesten anderer sogenannter Naturvölker. Auch westliche Forschung und Schulmedizin haben Naupany bereits für sich entdeckt. Sie beginnen, seine seherischen Fähigkeiten wissenschaftlich zu untersuchen. Naupany Puma lebt aus einem Gefühl der Einheit und Verbundenheit mit der Natur und allem, was uns umgibt, heraus. Für ihn ist Intuition eine ganz natürliche Gabe:

»Ich folge einfach meiner inneren Stimme. Vielleicht wird das in anderen Kulturen Intuition genannt. Die Fähigkeit, auf sein Herz, auf sein Innerstes zu hören, ist eigentlich allen Menschen angeboren. Es ist die Stimme in uns, die uns mit den Pflanzen, den Vögeln, den Bäumen, mit dem Wasser, mit der Luft, mit allem, was uns umgibt, verbindet. Es ist die

Stimme, die uns sagt, was wir tun sollen und was wir nicht tun sollen. Es ist der Kompass, der alle Wesen durch das Leben führen sollte. Jeder hat die Fähigkeit, auf sein Herz zu hören. Leider kann es aber passieren, dass man diese innere Stimme nicht mehr hört, dass man sein eigenes Herz nicht mehr spürt. Für mich ist es leichter, ich lebe in engem Kontakt mit der Natur. Ich weiß, dass die Tiere, die Pflanzen, die Sonne, die Sterne, alle Elemente und auch der Himmel unsere Geschwister sind.

Aber in anderen Ländern, wie hier in Europa, ist das schwieriger. Die Menschen leben in einer Welt voller Stress. Sie sind nur um sich besorgt. Ihre Gedanken kreisen nur um ihre persönlichen Ängste und Wünsche. Sie haben keinen Kontakt mehr zur Natur und sie hören ihre eigene innere Stimme nicht mehr. Viele Menschen leben hier in ihren Städten, in ihren Wohnungen, in ihren Autos wie in einem Gefängnis. Sie wissen nicht mehr, dass sie mit der ganzen Welt, dem ganzen Universum in Verbindung sind. Sie sehen nur Wände um sich und leben unter großem Druck. Wenn das Herz beklommen ist, können wir nicht mehr wie natürliche Wesen leben. Doch wir alle brauchen einander. Wir sind nicht isoliert voneinander. Wenn die Menschen an einem Ort leiden, hat das Auswirkung auf alle anderen. Auch meine Brüder am Amazonas und in den Anden leiden. Auch ich fühle diesen Schmerz und diese Traurigkeit sehr stark.

Dem Amazonas und vielen anderen Wäldern werden gerade tiefe Wunden geschlagen. Doch viele Menschen empfinden dabei nichts mehr. Sie fühlen nicht mehr, was es bedeutet, wenn ein Großvater Baum, ein Urwaldriese, gefällt wird. Wenn ich einen Baum berühre, der gerade gefällt wurde, dann fühle ich diesen Schmerz, als hätte man mir selbst diesen Schmerz zugefügt. Aber viele Menschen hören ihre innere Stimme nicht mehr, die ihnen sagt, dass das nicht gut ist. Ich reise zu vielen Orten, an denen unsere Mutter Erde schwere Verletzungen erlitten hat, um dort Zeremonien zu vollziehen. Ich bitte unsere Mutter um Verzeihung und ich bete für ihre Heilung. Manchmal schäme ich mich fast, ein Mensch zu sein. Darum reise ich um die ganze Welt und bitte meine Brüder in anderen Kulturen, dass sie anfangen nachzudenken, um zu erkennen, dass wir nur eine Mutter Erde haben. Sie ist die Mutter von uns allen. Sie ist schon schwach. Wir dürfen sie nicht weiter so verletzen.«

Nach uralter Inka-Tradition leben wir gerade in einem »Pachakútec«, einer Zeit des großen Wandels. Ähnlich wie bei den Mayas geht auch nach dem Kalender der Inkas in unserer Zeit gerade ein großes Weltenjahr zu Ende, das fast 26 000 Jahre umfasst. Naupany Puma hatte sich deshalb bereits im Jahr 2007 auf den Weg zu einer großen Pilgerreise um die ganze Welt gemacht. Er hat viele heilige Stätten besucht, immer mit der Frage: Was ist unsere Aufgabe als Menschen, um gut in die gerade anbrechende neue Zeit zu kommen?

Aus dieser Pilgerreise ist ein schöner Film entstanden – *Pachakútec*. Anya Schmidt, die Regisseurin des Films, hat Naupany Puma dafür zwei Jahre auf seiner Reise begleitet. Ulrich Bohnefeld und ich konnten auch ein wenig zur Entstehung des Films beitragen. Jeder, der sich diesen Film ansieht, kann daraus seine eigenen Schlüsse ziehen, was für ihn selbst die wichtigsten Aufgaben sind in dieser Zeit des

Wandels. Ich für meine Person sehe es heute als wichtige Aufgabe unserer westlichen Kultur, wieder Zugang zu bekommen zu unserer eigenen inneren Stimme, um so für alle eine lebenswerte Zukunft zu gestalten.

Wir glauben Erfahrungen zu machen,
aber die Erfahrungen machen uns.
Eugène Ionesco

Zu Beginn meiner Recherchen über Intuition begegnete ich Dr. Christina Kessler. Ich wollte nicht nur Bücher lesen und andere Menschen über Intuition befragen, sondern selbst neue Erfahrungen sammeln. Deshalb meldete ich mich zu einem ihrer Workshops an, in dem es um Intuition und Selbstrealisation ging.

»Auf dem Weg zur Intuition lernt man erst einmal, sich selbst zu beobachten. Wenn man sich Richtung Intuition bewegt, bewegt man sich immer nach innen. Schon das Wort ›Intuition‹ kommt ja vom lateinischen ›intueri‹, was ›hineinführen‹ heißt. Intuition hat immer mit dem Hineinsehen in sich selbst, mit dem Nach-innen-Gehen zu tun. Man überprüft dabei seine eigenen Einstellungen und Vorurteile und seine Beziehungen zur Welt und zu anderen Menschen«, erklärt uns Christina Kessler.

Was aber begegnet uns auf diesem Weg nach innen?

»Zuerst begegnen uns all die Prägungen und Konditionierungen, die wir mit uns herumtragen, all die Vorstellungen über uns selbst und die Welt. Wir glauben in der Regel, genau zu wissen, wie etwas zu sein hat und wie es nicht zu sein hat, und da gilt es zunächst einmal aufzuräumen. Wenn man es schafft, all diese Konditionierungen beiseite zu räumen, dann erkennt man vielleicht, dass die Welt ganz anders ist, als man immer geglaubt hat. Auch man selbst erweist sich dann vielleicht als ein ganz anderer, als einem die Eltern, die Erzieher, all die Menschen, die einen umgaben, immer glaubhaft machen wollten. Ich denke, damit beginnt die wirkliche Reise zur Intuition, mit dem Erkennen: ›Ich bin ja ein ganz anderer, als ich immer glaubte zu sein.‹

Das Unbewusste, die Schattenseiten, die Dämonen, die Herausforderungen, die einem auf dem Weg nach innen begegnen können, wirken manchmal sehr bedrohlich. Es geht darum, ein falsches Bild loszulassen, von sich selbst und der Welt, und das ist oft gar nicht so einfach. Wir alle neigen zu dem Glauben, die Dinge seien so, wie wir sie wahrnehmen. Aber so ist es nicht. Wir sehen Gott und die Welt nicht so, wie sie sind, sondern wie wir sind – oder wie wir zu sehen konditioniert sind. Wenn wir den Mund aufmachen, um zu beschreiben, was wir sehen, beschreiben wir eigentlich nur uns selbst, unsere Wahrnehmungen und unsere Paradigmen.«

Ihre Einsichten und Erfahrungen hat Christina Kessler auf einen einfachen Nenner gebracht: »Amo ergo sum« – »Ich liebe, also bin ich«. Es ist auch der Titel eines ihrer Bücher. Liebe und Intuition stehen für sie in enger Verbindung: »Liebe ist die Überbrückung der Gegensätze, ist das, was verbindet und zusammenhält, was Ganzheit schafft. Liebe ist eine Art, in dieser Welt zu sein: Großzügigkeit, Toleranz und Freundlichkeit auszustrahlen. Indem wir liebevoll an die Welt herangehen und auch an uns selbst, überwinden wir das Trennende, Dualistische und kommen in den nondualen Bewusstseinsraum, und das ist genau der Bewusstseinsraum für die Intuition.«

Christina Kessler studierte Kulturanthropologie, Vergleichende Religionswissenschaften, Philosophie und Soziologie. »Was ich heute in meinen Workshops unterrichte und in meinen Büchern publiziere, ist das Ergebnis langjähriger Forschungen. Vor allem aber ist es das Ergebnis meiner eigenen Erfahrungen. ›Warum bin ich die, die ich bin?‹ – Mit dieser Frage spielte ich bereits als Kind, abends vor dem Einschlafen. Und diese Frage ließ mich nicht mehr los«, erzählt Christina Kessler. Innerhalb ihrer Studienfächer spezialisierte sie sich auf die Erforschung und den Vergleich der großen Medizin- und Weisheitssysteme dieser Welt. »Meine Semesterferien verbrachte ich über viele Jahre hinweg in Mexiko bei den Huichol-Indianern. Während meiner langen Aufenthalte bei diesen Indianern konnte ich erleben, wie es sich auswirkt, wenn der Mensch eine lebendige Beziehung zur Ganzheit pflegt, zum Absoluten, zum großen Zusammenhang, zum gemeinsamen Wesensgrund der Dinge oder wie immer man es nennen möchte.«

Wie zeigt sich diese Beziehung?

»Jeder Baum, jeder Stein, jeder Bach, jeder Stern wird als beseelt betrachtet, ausgestattet mit einem bestimmten Charakter. Das sind nicht einfach nur Gegenstände, Objekte, an denen man achtlos vorbeigeht. Das sind Geschöpfe, mit denen man lebt, im Austausch lebt, zu denen man in einem familiären, vertrauensvollen Verhältnis steht: ›Großvater Feuer‹, ›Bruder Hirsch‹, ›Vater Sonne‹, ›Mutter Mais‹. Diese lebendige Beziehung schlägt sich nieder in einem Wir-Gefühl und einem Gespür für das Wesenhafte der Dinge, den Innenraum also. Und dieses Gespür für das Wesenhafte, das ist für mich Intuition.«

Bei ihren Feldforschungen als Anthropologin konnte Christina Kessler hautnah erfahren, wie sich der unterschiedliche Blick auf die Welt in verschiedenen Kulturen zu unterschiedlichen Wirklichkeiten ausformt und welches Lebensgefühl diese Wirklichkeiten vermitteln, welche Eigenschaften und Kompetenzen sie zum Blühen bringen.

»In der heutigen Zeit prallen die unterschiedlichsten gesellschaftlichen und weltanschaulichen Systeme aufeinander. Das bewirkt einen epochalen Wandel überall auf der Welt. Eingefahrene Strukturen erweisen sich zunehmend als einschränkend: Was früher eine Anschaffung fürs Leben war, wandert heute schon nach kurzer Zeit auf den Müll, um einem Folgemodell Platz zu machen. Unser Wissen vervielfältigt sich täglich und mit ihm die Möglichkeiten, es zu nutzen – was uns aber auch jeden Augenblick vor neue Entscheidungen stellt. Die meisten Menschen klammern sich dabei an äußeren Formen fest, an Dogmen, Riten, Mythen. Dabei laufen sie Gefahr, ihre Richtung für die einzig wahre zu halten, ihre Götter gegen alle anderen zu verteidigen. Es ist ihnen nicht bewusst, dass es sich nur um Werkzeuge handelt, mit deren Hilfe abstrakte Prinzipien für den menschlichen Geist greifbar gemacht werden sollen. Nicht umsonst finden wir in allen Religionen das große Warnschild: ›Du sollst dir kein Bild von mir machen.‹ Es geht also darum, sich von festgefahrenen Vorstellungen und Glaubenssätzen zu befreien. Durch Kultur, Religion, Gesellschaft, das soziale Gefüge, in das wir eingebettet sind, durch Familie, Eltern, Verwandte, Erziehung, Schule und Arbeitswelt werden wir ständig aufs Neue mit festgefahrenen Glaubenssätzen infiltriert, sodass wir meist nicht einmal wagen, sie infrage zu stellen. Aber jeder Aufbruch ins Neue beginnt mit dem Abschied vom Alten.«

Christina Kessler wirkt voller Lebensdrang und Entdeckerfreude und sie scheint die Freiheiten unserer Zeit in vollen Zügen zu genießen. Was aber will sie hinter sich lassen? Was erhofft sie sich vom Aufbruch ins Neue?

»Heutzutage ist die Erde bis in ihre letzten Winkel hinein erforscht. Wir kennen alle Kulturen und wissen um deren geheimste Erkenntnisse. Noch nie zuvor in unserer Geschichte verfügten wir Menschen über eine solche Fülle an Wissen, Fähigkeiten und Mitteln zur Gestaltung einer besseren Welt. Doch anstatt hoffnungsvoll auf die Zukunft zu schauen, breitet sich bei vielen große Angst aus. Und das nicht zu Unrecht. Denn das Leben auf der Erde ist auf allen Ebenen aus dem Gleichgewicht geraten: Bevölkerungsexplosion, Klimaveränderung, Ozonloch, Naturkatastrophen, politische Umwälzungen, Finanzkrisen, Vergiftung der Umwelt, Ausbeutung der natürlichen Ressourcen, der internationale Terrorismus und das bedrohlich über uns schwebende Damoklesschwert eines Waffenpotenzials, mit dem wir innerhalb weniger Augenblicke unseren Planeten in die Luft jagen und die Menschheit für immer auslöschen können. Für mich sind das Zeichen einer Unstimmigkeit, vor der wir nicht länger die Augen verschließen können.

Auch wenn wir uns selbst betrachten und in unser Inneres hineinhören, können wir die Zeichen deutlich wahrnehmen. Wir sind unzufrieden, unerfüllt und desorientiert. Eine allgegenwärtige Unruhe, ein intuitives Unbehagen lässt erkennen, dass eigentlich nichts mehr in Ordnung ist. Die Bäuche sind voll, doch die Herzen sind leer. Das Leben ist freudlos geworden, denn unser Handeln verfolgt seit Langem nur noch einen Zweck: unseren Wohlstand ständig zu vermehren. Gleichzeitig sehen wir uns alle mit den bangen Fragen konfrontiert: Was passiert hier eigentlich? – Warum das alles? – Wie kommen wir aus diesem Albtraum wieder heraus?«

Überall spüren Menschen die Unvollkommenheit der Welt, die wir uns geschaffen haben. Viele sehnen sich heim in ein Paradies ohne all die Ungerechtigkeiten, die Gewalt, das Leid, das wir täglich erleben: »*Are you satisfied with the life you're living? We know where we're going. We know where we're from. We're leaving Babylon. Going to our Father's land*«, so formulierte dies Reggae-König Bob Marley aus Jamaika im Refrain seines Welterfolgs *Exodus*. Wer ist wirklich zufrieden mit seinem Leben, bei all der Fülle, die uns umgibt?

»In der Sehnsucht nach Vollkommenheit pulsiert die Ahnung von Ganzheit«, meint Christina Kessler. »Jeder Mensch trägt diese Ahnung in seinem Herzen, und dieser Funke ist es, der dem Leben Sinn und unserem Tun eine Richtung verleiht. Die Sehnsucht nach Vollkommenheit ist die Antriebskraft allen Lebens und jeglichen Wachstums. Letztendlich jedoch ist diese Sehnsucht weit mehr als nur eine Ahnung. Sie entspringt der innersten Bewusstheit, der Intuition, dass Vollkommenheit der wahre Zustand der Schöpfung und demnach der wahre Zustand unseres Selbst ist.«

Für Christina Kessler steht unsere »Vertreibung aus dem Paradies« in engem Zusammenhang mit dem, was sie »patriarchales Zeitalter« nennt, also die von männlichen Werten dominierte Welt: »Gott war ein Mann. Er war Schöpfer allen Seins, allmächtiger Herrscher über das von ihm geschaffene Universum, strenger Wächter über Gesetz und Ordnung. Und er war Vater, verantwortlich für das Wohlergehen der Seinen, aber jene strafend, die seine Gebote missachteten. Der Gottvater der patriarchalen Kulturen verkörpert die höchste Vision männlich orientierten Denkens: Das trennende Element der Ratio rückte dabei in der Werteskala dieses patriarchalen Paradigmas an die oberste Stelle, während Intuition und Gefühl, die weiblichen Formen der Wahrnehmung und Erkenntnis, ans unterste Ende der Skala verdrängt wurden. Dieses Paradigma beherrscht die Erde nunmehr seit mindestens 3000 Jahren – wahrscheinlicher ist, dass es mehr als 5000 Jahre sind –, und es ist auch heute noch das Denkmodell, das unsere Wahrnehmung und unser Verhalten, ja unser gesamtes Selbstverständnis bestimmt. Das Wesen des Weiblichen verlor in dieser Zeit an Wertschätzung. Emotionen, Intuition, Phantasie, Kreativität, Spontaneität, die Fähigkeit zu genießen und sich zu freuen – all das wurde gegenüber den männlichen Eigenschaften als unreif und minderwertig abgetan.«

Was genau sind für Christina Kessler diese männlichen Eigenschaften?

»Die männliche Geisteswelt wird vom Intellekt dominiert. Der Intellekt ist der Verstandesanteil des menschlichen Bewusstseins. Es ist die Fähigkeit, unter Einsatz des Denkens aus Wahrnehmungen Erkenntnisse zu erlangen und bereits vorhandene Erkenntnisse kritisch zu sichten, zu analysieren und zu beurteilen. Die Vorgehensweise des Intellekts ist bestimmt durch Selektion, Teilung und Kategorisierung. Das heißt: Zunächst wird das wahrgenommene Objekt aus seiner Umgebung abgespalten und herausgenommen, um eine fokussierte Betrachtungsweise zu ermöglichen. Danach wird es weiter in immer kleinere Stücke zerteilt, mit der Absicht, Aufschluss über die Details und die Beschaffenheit des Objekts zu erhalten. Alle Teile werden mit einer Bezeichnung versehen, damit sie jederzeit wieder abrufbar sind. Schließlich werden sie mit Erkenntnissen aus anderweitigen Wahrnehmungen verglichen, auf Gleichheit, Ähnlichkeit oder Unterschiedlichkeit hin untersucht und in eine der bereits vorhandenen Kategorien eingeordnet. Das bringt viele Vorteile. Der Intellekt schafft Ordnung und gibt Struktur. Er ist ein wichtiges Werkzeug, um sich im Leben zurechtzufinden und es zu gestalten. Er gibt uns die Möglichkeit, zu ›unterscheiden‹, abzuwägen und zu ›entscheiden‹, und schafft damit die Voraussetzung für konstruktives Handeln. Doch das übergeordnete Wesensmerkmal des Intellekts ist Trennung. Durch den Verstand wird Dualität geschaffen. Das heißt, der Verstand ist ein Segen, solange man ihn als Werkzeug benutzt. Er wird jedoch zum Verhängnis, wenn man die durch ihn geschaffene Konstruktion für die einzige Wahrheit hält. Bei einer einseitigen Ausrichtung auf die Ratio ist diese Gefahr allgegenwärtig.

Ich denke, wir stehen heute an einem Punkt, an dem wir uns nicht länger vormachen können, dass die Wahrheit außerhalb von uns zu finden sei. Unsere bisherigen Überzeugungen und Werte, die Art und Weise, wie wir die Welt und den Menschen definierten, haben sich in ihrer Begrenztheit selbst ad absurdum geführt. Das Patriarchat war ohne

Zweifel eine kollektive Krankheit, aber wie bei jeder anderen Krankheit verbirgt sich darin die Chance zur Weiterentwicklung: Im Dienste der Ratio spalteten wir uns von der Ganzheit ab, gingen in die Dualität, entfernten uns in den Mikrokosmos und den Makrokosmos. Doch eines Tages waren wir am äußersten Ende der Trennung angelangt. In der modernen Physik wurde Materie zu Energie, Raum und Zeit entpuppten sich als relativ, und die Quantenmechanik bewies, dass Beobachter, das beobachtete Objekt und der Akt des Beobachtens untrennbar miteinander verbunden sind. Wir mussten aus der Ganzheit heraustreten, um sie ›von außen zu betrachten‹ und unseren Anteil an der Erschaffung von Wirklichkeit erkennen zu können.«

Christina Kessler ist überzeugt, dass wir heute an einem Wendepunkt angelangt sind: »Für mich ist die Kernspaltung der materielle Ausdruck der Trennung von Bewusstsein und Wesenskern. Als die Kernspaltung mit den Atombomben ihr Zerstörungspotenzial entblößte, offenbarte die moderne Physik gleichzeitig ein neues Verständnis von Ganzheit. Die jetzige Phase der Menschheitsgeschichte sehe ich als eine phantastische Herausforderung. Sie fordert uns doch geradezu auf, umzukehren, die Intuition wiederzuentdecken und uns auf den Heimweg in unser inneres Universum zu machen.«

Intuition wird neu entdeckt

Der Begriff »Intuition« spielte in meinem Leben noch keine große Rolle, bevor ich mich zusammen mit Ulrich Bohnefeld an die Arbeit machte und den Spuren der Intuition folgte. Die Tiefe und Tragweite des Themas ahnte ich bestenfalls.

Jeder scheint mit »Intuition« eigene, oft ganz unterschiedliche Erfahrungen zu verbinden. Welche Erfahrungen kamen mir anfangs in den Sinn? – Manchmal hatte ich an jemanden gedacht, mit dem ich schon lange keine Verbindung mehr hatte, und dann klingelte das Telefon und genau diese Person meldete sich und fragte: »Hallo, wie geht es dir?« War das Intuition? Oder doch nur Zufall? Ich erinnere mich auch an Situationen beim Autofahren, als es noch keine Navis gab und ich mich einfach vom Gefühl leiten ließ. Irgendwie erahnte ich oft den richtigen Weg. War das intuitiv? Dann gibt es die innere Stimme, die sich bei mir manchmal als schlechtes Gewissen meldet. Ich weiß in solchen Fällen einfach: Das ist falsch, das sollte ich nicht tun. Verbunden ist das meist mit einem komischen Gefühl in der Magengegend. Fühlt sich so Intuition an? Gelegentlich wunderte ich mich selbst über Ideen, die mir plötzlich kamen, beim Arbeiten, beim Schreiben. Sie waren plötzlich da, von irgendwoher. War das Intuition?

»Intuition hat jeder Mensch. Aber er weiß nicht, woher

sie kommt. Intuition heißt, dass irgendwas von außen her kommt, nein, von innen eigentlich, das heißt ja ›Intuition‹, woraus sich dann Gedanken entwickeln. Jeder kreative Wissenschaftler ist auf Intuition angewiesen. Viele glauben, sie überlegen sich was mit dem Verstand, aber da kommt nicht wirklich etwas Neues heraus«, sagte uns der Quantenphysiker Hans-Peter Dürr.

In Linz in Österreich trafen wir Dr. Regina Obermayr-Breitfuß. Sie hat nach langjährigen Forschungsarbeiten eine mehrere Hundert Seiten dicke Doktorarbeit zum Thema »Intuition« geschrieben: »Ich bin Pädagogin, Psychologin und Psychotherapeutin und ich bin in meinen Fachbereichen der Frage nachgegangen: Was ist überhaupt Intuition? – Heute kann ich sagen: Es ist eine andere Art des Denkens, eine andere Art des Fühlens und eine andere Art der Wahrnehmung. Zusammenfassend kann man sagen: Es ist eine ganz natürliche, geistige Fähigkeit des Menschen. Die Intuition kommt aus einem ganz ursprünglichen Bereich in uns Menschen, in dem es noch keine Sprache gibt. Ich bewege mich mit der Intuition hinein in einen präverbalen Bereich. Hier sehe ich die Heimat der Intuition. Babys und kleine Kinder leben noch ganz natürlich in dieser Welt. Sie sprechen noch diese Ursprache, die jeder in sich trägt.«

Dass es schwierig, wenn nicht gar unmöglich ist, das Wesen der Intuition mit Worten zu erfassen, bestätigte uns auch Professor Dr. Ernst Pöppel. Er war über viele Jahre Direktor des Instituts für Medizinische Psychologie an der Ludwig-Maximilians-Universität in München: »Intuitionen kann man nicht definieren. Sie sollte man nicht definieren, wie man überhaupt solche Hauptwörter nicht definieren sollte. Das ist immer irreführend, eingrenzend. Das ist gerade die Pointe von Intuitionen, dass sie frei sind, offen sind, dass sie einen Rahmen von Möglichkeiten eröffnen, die nicht vorherbestimmt sind.«

Der englische Biologe Professor Dr. Rupert Sheldrake hat sich in seinem Fachbereich intensiv mit dem Phänomen »Intuition« auseinandergesetzt:

»Intuition ist ein Begriff, der viele verschiedene Erscheinungen umfasst. Einige davon haben mit Kreativität oder Inspiration zu tun. Manchmal bedeutet Intuition einfach zu wissen, was zu tun ist. In diesem Sinn ist Intuition vergleichbar mit Instinkten. Eine junge Katze, die noch nie zuvor eine Maus gesehen hat, weiß instinktiv genau, was zu tun ist. Das ist eine Art kollektiver Erinnerung einer Spezies. Es gibt noch eine andere Form von Intuition. Dabei geht es darum, die Absichten oder Bedürfnisse von anderen zu erspüren, auch über große Entfernungen hinweg. Das nennt man Telepathie. Viele Mütter haben die Erfahrung gemacht, dass sie es spüren, wenn ihr Kind sie braucht. Zum Beispiel wenn ihr Baby einen Unfall hatte oder gestillt werden möchte. Ich habe hierzu statistische Studien durchgeführt und die Trefferquoten liegen sehr hoch, weit über dem, was wir nach dem Zufallsprinzip erwarten dürften.«

Rupert Sheldrake war Forschungsleiter für Biochemie und Zellbiologie am Clare College der berühmten University of Cambridge. »Sheldrake ist ein herausragender Wissenschaftler. Er gehört zu jenen echten visionären Entdeckern, die in früheren Zeiten neue Kontinente fanden«, schrieb die Zeitschrift *New Scientist* über ihn. In Kollegenkreisen hat sich der Biologe aber nicht nur Freunde gemacht. Er fordert die traditionelle Wissenschaft immer wieder heraus, weil er Grenzen überschreitet und auch vor Tabuthemen in der Wissenschaft nicht zurückschreckt. Dazu gehören auch seine Untersuchungen zur Telepathie. Als wir ihn in seinem Haus im Londoner Stadtteil Hamptstead besuchen, lernen wir einen integren, aufgeschlossenen, humorvollen Menschen kennen. Wir machen mit ihm einen Spaziergang durch den weitläufigen, naturbelassenen Park, der an sein Grundstück grenzt. Man blickt von hier wie aus einer grünen Oase auf die City of London. Professor Sheldrake bestätigt, dass meine eigenen intuitiven Erlebnisse bei Telefonanrufen nichts Ungewöhnliches sind:

»Die in der modernen Welt am meisten verbreitete Form der Telepathie erlebt man bei Telefonanrufen. Man denkt ohne ersichtlichen Grund an eine Person, und diese ruft genau in dem Moment an, und man sagt: ›Komisch, eben habe ich an dich gedacht!‹ Etwa 80 Prozent aller Menschen in Europa kennen diese Erfahrung. Sie ist häufiger als jede andere Art der Telepathie. Skeptiker behaupten seit Jahrzehnten, das sei nichts als Zufall. Man denke schließlich immer an jemanden, und manchmal ruft genau diese Person an. Aber das stimmt nicht. Ich habe viele Experimente zu diesem Phänomen durchgeführt und festgestellt, dass die Trefferquote weit über dem Zufall liegt. Ein Experiment sah so aus: Die Versuchspersonen haben vier mögliche Anrufer. Wenn das Telefon klingelt, müssen sie raten, wer dran ist. Laut Zufallsprinzip läge die Trefferquote bei 25 Prozent, aber diese Menschen hatten in 45 Prozent der Fälle recht – bei Hunderten von Versuchen ist das eine sehr beachtliche

Quote. Ich denke, dass die telepathische Verbundenheit tatsächlich existiert, besonders zwischen engen Bezugspersonen, wie Müttern und ihren Kindern, zwischen Geschwistern, aber auch bei engen Freunden – und das ist eine Form von Intuition.«

Haben wir alle diese Fähigkeit?

»Es gibt viele verschiedene Arten von Intuition. Jeder kennt einige davon. Meiner Meinung nach hat Intuition immer mit irgendeiner Art von Verbundenheit zu tun – Verbundenheit mit anderen Menschen, mit der Natur oder mit höheren Bewusstseinsformen. Aber nicht alles, was als Intuition zu uns kommt, ist hilfreich. Unsere Intuition liegt nicht immer richtig. Wir sollten mehr Augenmerk auf unsere intuitiven Fähigkeiten lenken, aber auch lernen, sie zu unterscheiden und mit ihnen umzugehen. Intuition wird nicht von selbst alle unsere Probleme lösen. Wir sollten sie immer im Einklang mit Verstand, Fakten und Logik nutzen. Ich denke, das ist der einzige zukunftsweisende Weg, all das zusammenzubringen. Nicht: entweder … oder, sondern: alles zusammen.«

Nachdem wir ein paar Schritte schweigend nebeneinander hergegangen sind, meint Rupert Sheldrake:

»Es gibt noch eine Form von Intuition, die ich für echt und wichtig halte, die aber von Wissenschaftlern nicht verstanden wird: Es ist ein Gespür dafür, was in Zukunft passieren wird. Wir nennen das Vorahnung. Man kann das auch bei Tieren beobachten. Ich habe über viele Jahre untersucht, wie Tiere Zeichen von Vorahnung erkennen lassen, vor Erdbeben, Tsunamis oder anderen Katastrophen. Tiere haben diese natürliche Fähigkeit, wir Menschen eigentlich auch.

Der Unterschied ist nur, Tiere handeln einfach danach, ohne erst darüber nachzudenken.«

Manche Ihrer Kollegen in den Wissenschaften reagieren sehr skeptisch auf diese Studien.

»Modernen Menschen, besonders in Europa oder den USA, wird der Glaube an solche Dinge aberzogen. In unserer vom Verstand geprägten Gesellschaft gibt es ein Vorurteil gegen diese Form der Intuition. Sie gilt als irrational oder als Aberglaube. In anderen Kulturen wie in Indien oder Afrika hingegen ist so etwas völlig normal. Es gibt keine Versuche, Menschen, die daran glauben, lächerlich zu machen. Intuition wird dort als Teil der menschlichen Natur akzeptiert. Eigentlich ist das bei uns im Westen genauso. Aber viele scheuen sich, das öffentlich zuzugeben. Kulturgeschichtlich wurde Intuition aber immer als Teil der menschlichen Natur gesehen, auch in den europäischen Ländern.«

Das Höchste, wozu ein Mensch gelangen kann,
ist das Erstaunen.
Johann Wolfgang von Goethe

In unseren westlichen Gesellschaften gestehen wir besonders einer Gruppe von Menschen intuitive Fähigkeiten zu: genialen Künstlern. Von Mozart etwa ist überliefert, dass er auf die Frage, wie er beim Komponieren vorgehe, antwortete: »Es geht bei mir zu wie in einem schönen Träume.« Beethoven und Brahms berichteten von göttlicher Eingebung beim Komponieren. Haben Künstler tatsächlich Zugang zu intuitiven Quellen, die den meisten von uns verschlossen sind?

»Kunst ist generell ohne Intuition nicht denkbar. Zu allen Phasen, in allen historischen Epochen hat die Intuition eine wesentliche Rolle gespielt. Mal stärker, mal schwächer, aber eine gewisse Präsenz war immer da«, erklärt uns Professor Dr. Siegfried Mauser, der Präsident der Hochschule für Musik und Theater München. Professor Mauser ist selbst ein renommierter Pianist, geehrt vor allem für seine Interpretationen von Klavierwerken des 19. Jahrhunderts.

»Im Fall der Musik muss man sagen, dass der Intuitionsbegriff, der ja auf Einfühlung gerichtet ist, in erster Linie einer der Interpretationskultur ist. Also wenn ein Pianist Beethoven spielt, so ist sozusagen seine Intuition dem Geist Beethovens, dem Werk Beethovens gegenüber gefordert. Der Interpret, der Musiker, muss die Inspiration des Komponisten in seinem Vortrag intuitiv umsetzen. Und man darf nicht vergessen, dass das intuitive Moment auch zu demjenigen gehört, der Musik hört. Wir interpretieren beim Hören. Wir hören nicht neutral. Wir bringen uns ein, wir gestalten mit im Hörprozess. Das ist ein aktiver Prozess. Es ist ein individueller Prozess. Intuition ist also auch etwas ganz Wichtiges beim Hören von Musik. Wenn jemand intuitiv nicht begabt ist, sich nicht einfühlen kann, wird er den Geist der Musik nicht erfassen können, genau wie mancher Interpret, der sich an den Werken der großen Komponisten versucht.«

Wie ist das aber bei den kreativen Schöpfern der Musikwerke, den Komponisten? Welche Rolle spielt Intuition bei ihrer Arbeit?

»Der korrespondierende Begriff auf der schöpferischen Ebene wäre eher die Inspiration. Der Komponist hat sich sozusagen auf sich selbst einzulassen. Seine Aufgabe ist es, einem Geist, dem Spiritus, also einer Inspiration nachzuspüren und nachzugehen. Und diese Kategorie der Inspiration war vor allem im 19. Jahrhundert eine wesentliche. Da gab es sogar den Begriff der Inspirationsästhetik. Das heißt, dass die Anschauung der Musik als Kunstform durch und durch von der Kategorie eines inspirierten Einfalls getragen wurde. Das klassische und vielleicht überzeugendste, aber auch dramatischste Beispiel dafür ist sicherlich Beethoven. Wenn man Beethovens Skizzenbücher durchsieht, kann man genau verfolgen, wie ein prägnantes Motiv oder ein Thema oder oft auch nur ein Rhythmus in Form eines Geistesblitzes über ihn kommt. Das wird dann notiert, und es wird bearbeitet. Und dann versucht er das, was ihm sozusagen zufiel, aus der Kategorie des Zufälligen herauszuarbeiten und in eine gültige Notwendigkeit zu überführen. Die gültige Notwendigkeit, die entsteht durch die Arbeit. Wie bei einer Versuchsanordnung: Mal nimmt er was weg, mal gibt er etwas dazu, aber der Kern des durch die Inspiration erzeugten Einfalls bleibt. Und man sieht, wie er durch die kompositorische Arbeit auf eine Lösung hinsteuert. Gleichzeitig bleibt dieser genialische oder außerordentliche Einfall, der auf Inspiration und in der Intuition gründet, erhalten.

Ab Beethoven, glaube ich, ist in der Kompositionsgeschichte bis ins 20. Jahrhundert hinein – bis zu Komponisten wie Gustav Mahler oder Richard Strauss oder auch Hans Pfitzner, die so Überhangserscheinungen der Romantik ins 20. Jahrhundert, in die Moderne hinein, waren – diese Dimension der Inspiration und der Intuition eigentlich poetisch die zentrale gewesen. Ein Komponist, dem nichts einfällt, ist kein Komponist. Wer sein Handwerk beherrscht, die Technik beherrscht, aber ohne Inspiration ist, wem also nichts einfällt, der ist kein Künstler. Das heißt, Intuition und Inspiration sind die wesentlichen Elemente des künstlerischen Schaffens und mit diesen Elementen, diesen Einfällen muss man arbeiten.«

Und woher kommen diese Einfälle?

»Was da woher einfällt, in was sich der Künstler dabei einfühlt, das bleibt weitgehend im Numinosen. Wenn man versucht, es ein bisschen genauer zu fassen, dann ist es, glaube ich, eine Art spirituelle Dimension. Ich benutze dafür gern ein vielleicht etwas banales Bild: Die großen Komponisten waren für mich wie Tankwarte, die bestimmte Zapfsäulen zur Verfügung hatten, wo sie sozusagen Ebenen anzapfen konnten, die Normalsterblichen nicht zugänglich waren bzw. sind. Das ist eine spezielle Begabung. Ob man das Genie nennt oder wie auch immer, das ist egal. Es sind Begabungsstrukturen da und Wege, aus einer inneren Kraft heraus an Dinge heranzukommen, die nicht jedem zugänglich sind. Auf dieser spirituellen Ebene spielt sich dieses Verhältnis von Inspiration und Intuition ab: Wenn ich mich einfühle in diese geistige Welt und ich mich von ihr, vom Spiritus, leiten lasse und dem auch nachgehen kann. Wollen tun das viele, aber können tun es nur wenige«, resümiert Siegfried Mauser. Dann spielt er uns auf seinem Flügel einige Takte aus einer Klaviersonate Beethovens vor. »Das ist innerhalb der Klaviermusik vielleicht der Höhepunkt schlechthin, bis auf den heutigen Tag.«

Wie war das vor Beethoven? Haben sich Komponisten immer auf Intuition und Inspiration berufen?

»Mit Beethoven begann der Geniekult für einzelne Personen. Auf frühere Epochen angewendet, müsste man den Begriff ›Intuition‹ mehr entindividualisieren. Das, was man bei Bach ›Intuition‹ nennen könnte, ist so eine Art Wesensschau in einem spirituellen und religiösen Sinne. Es ist dieser Blick nach innen, der gleichzeitig ein Blick in eine andere Welt ist. Hier findet so etwas wie Intuition statt. Das ist aber im Sinne einer, ich will nicht sagen, objektiven, aber doch übersubjektiven Meditation. Das hat mit einer geistigen Schau zu tun, die das Individuum betreibt. Aber das Individuum in seiner Individualität spielt letztlich nicht die zentrale Rolle, sondern das Wesen, das sich durch das Individuum zeigt, ist entscheidend. Für Bach war diese Schau in eine andere Welt eine objektive Gegebenheit. Sie entsprach auch seinem Glauben und seinem Weltbild. Die spirituelle Welt war für ihn die Wirklichkeit schlechthin. Bach war ein tiefgläubiger Mensch, und seine Musik spiegelt die Wirklichkeit, die er schauen durfte.«

Was ist das für eine andere Welt, die sich nach Professor Mauser im Werk Bachs spiegelt? Was begegnet uns, wenn wir tief in uns hineinschauen? Mit dieser Frage machen wir uns auf den Weg zur Benediktinerabtei Münsterschwarzach am Main. Hinter den dicken Mauern des Klosters mit den vier Türmen begrüßt uns ein Mönch mit einem grauen Rauschebart und ansteckender Heiterkeit:

»Ich bin seit 45 Jahren Mönch, und Mönchsein heißt, sein Leben lang Gott suchen. Das heißt nicht nur beten, sondern Gott suchen in mir selber. Insofern gehört zum Mönchsein das Nach-innen-Schauen«, erzählt uns Pater Anselm Grün. Er ist der Cellerar des Klosters Münsterschwarzach, mit anderen Worten der Geschäftsführer der gesamten Abtei, und zudem ein viel gefragter Referent und Kursleiter sowie ein überaus erfolgreicher Autor. Ausgehend von einem Vortrag über das frühe Mönchtum veröffentlichte Anselm Grün 1976 seinen ersten Artikel zum Thema »Reinheit des Herzens«. Mittlerweile sind über 200 Bücher von ihm erschienen. Die weltweite Auflage liegt bei etwa 15 Millionen Exemplaren. Pater Anselm Grün ist der meistgelesene christliche Autor der Gegenwart. Dabei schreibt er in knapp bemessenen Stunden, fast nebenbei zu seinem ausgefüllten Alltag:

»Für mich ist wichtig, dass ich jeden Morgen meine drei Stunden für mich habe: Gebet, Schweigen, Meditation, Lesen und diesen Raum der Stille, der mich in Berührung mit der inneren Intuition bringt. Zum Schreiben habe ich sechs Stunden in jeder Woche Zeit: am Dienstag und Donnerstag morgens zwischen sechs Uhr und acht Uhr, und am Sonntagnachmittag. Ich lese natürlich manches, aber ich traue auch der Intuition. Dann bin ich innerlich wie vorbereitet. Ich traue einfach dem, was da kommt. Ich schreibe manchmal an mehreren Büchern gleichzeitig. Wenn ich merke, bei dem einen geht es nicht weiter, dann lasse ich das liegen und schreibe an etwas anderem, bis ich den Impuls habe: Jetzt kann ich daran weiterschreiben, und das stimmt meistens. Dann fließt wieder etwas. Dann braucht es wieder eine Zeit, in der sich etwas setzen muss, und danach fließt es weiter. Ich mache mir keine Notizen während des Tages und sage: ›Das muss ich beschreiben‹, sondern ich traue der Intuition in diesen zwei Stunden. Ich vertraue darauf, dass dann genügend kommt.

Aber Intuition braucht auch Disziplin. Manchmal setze ich mich an den PC, und es fließt nichts. Dann würde ich am liebsten in eine Bibliothek gehen und mir ein paar Bücher suchen. Aber stattdessen sage ich zu mir: ›Nein, jetzt probierst du mal was. Bleib sitzen. Was ist da? Was kommt da? Ein Wort? Ein Bild, das hochkommt? Versuch es einfach mal.‹ Es braucht beides: Intuition heißt nicht, es geht automatisch, ich brauche nichts zu tun, sondern Intuition erfordert auch Disziplin. Dranbleiben. Einen Raum schaffen, wo die Intuition leben kann. Nicht gleich wieder davonlaufen in das Äußere hinein.«

Woher aber kommt diese unglaubliche Kreativität, die sich in Pater Anselm Grüns »Raum der Intuition« entfaltet?

»Die Frage ist: Worauf stoße ich, wenn ich in mich hineinhorche? Manche Menschen haben Angst, sie könnten da auf das Böse stoßen. Auch bei manchen Christen gibt es diese pessimistische Sicht. Aber das ist nicht das Eigentliche. Die frühen Mönche sagen: ›Wenn wir nach Innen horchen, gelangen wir in den Raum der Stille.‹ In diesem Raum der Stille ist letztlich Gott, Christus in uns. Jesus sagt: ›Das Reich Gottes ist in euch.‹ Das Reich Gottes ist da, wo Gott in mir herrscht. Dort bin ich frei, da bin ich heil, ganz, authentisch, ursprünglich. Da bin ich rein und klar, und da hat die Schuld keinen Zutritt. Im Raum der Stille bin ich mit dem innersten Kern im Einklang.

Man kann das mit verschiedenen Bildern ausdrücken. Im christlichen Bereich spricht man von der Gottesgeburt. Gott wird in mir geboren. Christus wird in mir geboren. Wenn Gott in mir geboren wird, dann komme ich in Berührung mit meinem wahren Wesen, mit dem ursprünglichen

Bild, das Gott sich von mir gemacht hat, und ich werde frei von all den Bildern, die sich andere von mir gemacht und mir übergestülpt haben: frei von den Bildern der Eltern, des eigenen Ehrgeizes, frei von den Erwartungen der anderen. Man kann das auch Christus-Natur nennen. Paulus sagt: ›Christus lebt in mir.‹ C. G. Jung, der Schweizer Psychotherapeut, spricht davon, dass Christus nicht nur der historische Mensch war, sondern ein Archetyp des Selbst. Wenn ich Christus anschaue, komme ich in Berührung mit dem wahren Selbst, wo ich ganz ich selber bin. Jesus sagt ja bei Lukas in der ›Auferstehung‹: ›Ich bin ich selbst.‹ (Pater Anselm sagt es auf Griechisch.) Das Selbst war auch für die stoische Philosophie das innere Heiligtum: wo der Mensch ganz er selbst ist, frei ist, nicht bestimmt von anderen Menschen.«

Und was verbindet Intuition mit diesem Raum der Stille in uns?

»Die Intuition, zusammen mit den geistigen Traditionen der Kontemplation und Meditation, ist ein Weg in diesen inneren Raum der Stille, wo ich nicht nur auf mich stoße, sondern letztlich auf Gott. Auch C. G. Jung sagt: ›Zum Selbst gelange ich nur, wenn ich auch das Gottesbild in mir verwirkliche.‹ Also im Innersten, wenn ich ganz tief in mich hineinhorche, stoße ich nicht nur auf meine Geschichte, sondern auf etwas, das mich übersteigt, das größer ist als ich selber: auf das Geheimnis – oder wie immer man das ausdrücken will, auf Christus in mir, auf die Quelle des Heiligen Geistes in mir. Das sind Bilder für etwas, das letztlich auch jenseits der Bilder ist. Was wir aussprechen können über Gott und göttliche Wirklichkeit, ist immer bildhaftes

Annähern. Wir brauchen diese Bilder, aber die Wirklichkeit ist jenseits dieser Bilder.«

Die Erfahrung, dass wir im tiefsten Inneren auf eine göttliche Wirklichkeit in uns selbst stoßen, gibt es in unterschiedlicher Form in allen Religionen: »Wenn wir in Kontakt mit dem höchsten Geist in uns selbst sind, sind wir auch Buddha«, sagt der vietnamesische Zen-Meister Thich Nhat Hanh, den mein Kollege Ulrich Bohnefeld mit unserem Kamerateam in Plum Village, Thich Nhat Hanhs Meditationszentrum in Südfrankreich, besuchte.

»Für mich hat Intuition auch noch mit etwas anderem zu tun«, meint Pater Anselm Grün. »Es gibt viele Menschen, die ausgebrannt sind. Das hängt für mich damit zusammen, dass sie nicht in Berührung sind mit ihrem inneren Lebenstraum. Intuition bringt mich in Berührung mit meinen inneren Bildern und dem Lebenstraum, den ich als Kind hatte. Der Traum ist vielleicht nicht verwirklicht worden, aber die Essenz dieses Lebenstraumes, mit dem ich als Kind in Berührung war, ist da. Immer wenn sich ein Kind für etwas begeistert, wenn es stundenlang voller Hingabe spielen kann, dann ist es mit sich, dem göttlichen Kind in sich, in Berührung. Wenn ich als Erwachsener mit diesem Bereich in mir wieder in Berührung komme, dann beginnt das Leben wieder zu fließen. Viele, die sich nur nach äußeren Bildern und Erwartungen richten, sind abgeschnitten von ihrer inneren Quelle. Sie arbeiten und arbeiten, und es kommt nichts dabei heraus. Sie selber gehen dabei zugrunde. Ich denke, die Intuition bringt uns in Berührung mit dieser inneren Quelle, und wenn ich aus dieser inneren Quelle schöpfe, kann ich viel tun und viel erreichen, ohne erschöpft zu sein.«

Unsere nächste Frage erkennt Anselm Grün schon an unseren Blicken.

»Viele Menschen fragen mich: ›Wie komme ich in diesen inneren Raum?‹ – Wir können ihn nicht erzwingen. Dieser Raum ist in uns, aber wir sind oft abgeschnitten davon. Manchmal dürfen wir es erfahren, wenn wir meditieren, auf einmal ist da ein Gefühl von Freiheit. Wir erleben, dass da etwas ganz anderes ist. Vielleicht nur ein Augenblick, dann ist wieder die Unruhe da. Ein Bild kann uns dabei vielleicht helfen. Ein Bild, das sich einbildet in mich, das mich in Berührung bringt mit den innersten Bildern, die in mir liegen. Man kann über die inneren Erfahrungen reden, aber argumentativ kann man sie nicht beweisen. Viele können es erst verstehen, wenn sie es selbst erfahren haben. Aber ich erlebe oft, dass Menschen, allein indem ich davon rede, indem ich sage: ›Da ist ein Raum der Stille, wo niemand Zutritt hat, wo niemand dich verletzen kann‹, dass allein dieses Reden schon eine Vorstellung schafft. Es bringt den anderen in Berührung mit dieser inneren Ahnung, weckt die Intuition. Die Menschen verstehen das, was ich sage, weil sie selbst eine innere Ahnung davon haben. Worte können in Berührung bringen mit der inneren Quelle. Worte, die überzeugen sollen oder etwas beweisen wollen, die führen nicht in die Tiefe. Sondern dort, wo etwas widerklingt in mir, etwas widerhallt in mir, wo eine Übereinstimmung, eine Resonanz da ist, dort ist es möglich.«

Es ist nichts Verklärtes, nichts Abgehobenes im Blick von Pater Anselm Grün, als er in seinem schlichten Büro, in dem sich die vielen verschiedenen Ausgaben seiner Bücher stapeln, über seinen Erfahrungsbereich erzählt: »Christus in uns«, »Gott in uns«. Pater Anselm Grün wirkt glaubhaft und authentisch. Was er erfahren hat, spiegeln die Texte seiner Bücher und sie bewegen tatsächlich Millionen Menschen: »Das Höchste, was wir Menschen erfahren können, ist zu erkennen, wer wir im tiefsten Inneren sind.«

Das Gespräch mit Anselm Grün weckte auch in mir Erinnerungen an Momente, in denen mein Ich so klein war, dass ich ahnen durfte, was es heißt, alles zu sein und alles zu vermögen. Im Laufe unseres Lebens erfahren wir vermutlich alle solche Augenblicke. Es ist jedoch leicht, sie zu übergehen und nicht bewusst wahrzunehmen. Anselm Grün erinnert daran, dass sie echt sind, wahr sind, wirklich sind. Es sind die lichten Augenblicke, nach denen wir uns sehnen, während wir meist orientierungslos unseren Weg durchs Leben suchen, eingehüllt vom dichten Nebel unserer Hoffnungen und Ängste.

Was ist Intuition? In diesen seltenen Momenten stellt sich diese Frage nicht mehr, weil wir Intuition erleben.

»Intuition heißt aber nicht, ich habe diese Fähigkeit und ich weiß alles, sondern Intuition ist immer ein Wagnis«, erklärt Pater Anselm Grün. »Intuition heißt, hineinschauen, nicht festmachen können und doch dem innen Geschauten trauen. Natürlich ist die Intuition auch Gott gegenüber von Zweifeln geprägt. Wenn ich bete und in mich hineinschaue, da kommen natürlich Fragen: ›Mache ich mir da was vor? Sind das religiöse Bilder, damit es mir besser geht? Damit meine Nerven beruhigt sind?‹ Und dann denke ich, ja, das kann sein, dass alles nur Einbildung ist. Wenn ich das aber zu Ende denke, wenn ich denke, dass das alles nur Einbildung ist, dann kommt – nicht vom Kopf her, sondern tief von innen her – das Gefühl: ›Nein, ich traue dem. Ich traue der Bibel. Ich setze auf die Intuition.‹«

Das Schönste, was wir erfahren können,
ist das Mysteriöse.
Es ist der Quell aller wahren Kunst und Wissenschaft.
ALBERT EINSTEIN

Nun ist es vielleicht an der Zeit, Intuition einmal ganz nüchtern zu betrachten – wissenschaftlich. Die Philosophen im alten Griechenland haben die Grundlage für diese Methode gelegt: Wahrheitsforschung und Wahrheitsfindung durch rationales Fragen.

Professor Dr. Ernst Pöppel, Direktor des Instituts für Medizinische Psychologie an der Ludwig-Maximilians-Universität München, ist auch international eine Autorität auf seinem Fachgebiet. Er ist Gastprofessor an den Universitäten in Peking, Tokio, Moskau und Warschau. In Dubai ist er Berater einer Stiftung zur Entwicklung von Wissen und Kultur, zu Hause in Deutschland ist er Mitglied der Nationalakademie Leopoldina. Womit sich Professor Pöppel wissenschaftlich beschäftigt, wird sofort klar, wenn man sein Arbeitszimmer betritt: Es ist geschmückt mit künstlerischen Darstellungen des menschlichen Gehirns.

»Wir als Hirnforscher sind verpflichtet, nach den Prozessen zu suchen, die bewusste Tätigkeit ermöglichen. So ist auch Intuition zunächst einmal nur ein Wort, das besagt, dass Einfälle, die ich habe, etwas, das über mich kommt, dieses Heureka des Archimedes, dass das alles auf unbewussten, impliziten Prozessen im Gehirn beruht. Anders gesagt, es denkt permanent in unseren Gehirnen. Und plötzlich kommt es zu einer bewussten Repräsentation, zum Beispiel der Einsicht des Künstlers oder Wissenschaftlers. Das Bewusste ist immer nur ein ganz kleiner Ausschnitt aus der Fülle, dem riesigen Ozean des impliziten Wissens und Denkens in unserem Gehirn.«

Mit dem Wort »wissenschaftlich« verbindet man üblicherweise in erster Linie rationales Denken. Spielt Intuition in diesem Bereich überhaupt eine Rolle?

»Wir machen uns die Illusion in unserer Tradition des Rationalismus, beginnend mit Descartes, vor circa 400 Jahren, indem wir glauben, wir begründen uns selber nur durch die Rationalität. Das ist ein unglaublicher Irrtum. Erst in den letzten Jahren ist auch in der Hirnforschung deutlich geworden: Das ist ein grober Unfug, dieser Glaube an die Rationalität. Es ist nicht so. Man macht sich hier nur eine Illusion. Besser zu verstehen, was sonst noch abläuft in unseren Gehirnen, das macht die Faszination unserer Forschung aus. Wie ist es möglich, dass etwas, das ich nicht unter Kontrolle habe, das sich in einer Intuition äußert, zielführend ist für mein Verhalten? Solche Fragen sind schon faszinierend. Es gibt überhaupt keine Entscheidungsprozesse, die nur rational sind. In der Wissenschaft nicht und auch nicht in der Wirtschaft, wo man das häufig noch glaubt. Wenn heute Manager sagen: ›Meine Entscheidungen sind alle rational‹, dann kann man sehen, was aus solchen Konzernen wird. Man hat nur eine Seite betrachtet, aber man muss beide Seiten sehen: die rationale und die intuitive.«

Vonseiten der Wissenschaft werden intuitive Erfahrungen jedoch meist noch immer sehr argwöhnisch beurteilt.

Oft werden sie als »Esoterik« gebrandmarkt. Woran liegt das nach Meinung von Ernst Pöppel?

»Wogegen ich mich wehre, ist, bestimmte Bewusstseinszustände, wie sie in der religiösen Praxis – etwa in der Meditation – auftreten, als etwas Außergewöhnliches, Besonderes zu sehen. Jeder Mensch kann in bestimmten Lebenssituationen eine Ekstase erleben, auch im tiefen Schmerz oder in der Lust. Das sind außergewöhnliche Bewusstseinszustände, und darin zeigt sich die Kreativität des menschlichen Geistes. Aber dies sind für mich keine Zustände, die aus dem Kosmos kommen und mir einen unmittelbaren religiösen Bezug eröffnen. Sondern ich sehe darin eine Funktion des Gehirns, und wir wissen inzwischen weitgehend, was dabei auf der molekularen oder zellulären Ebene passiert.

Wenn ich von vornherein die Hypothese habe, dass da ein anderer Seinsbereich ist, dann bin ich nicht mehr in der Wissenschaft. Man kann das machen, aber das ist nicht das Geschäft von Wissenschaft. Wobei ich das Missverständnis nicht haben möchte, dass wir kalte, hartgesottene Materialisten sind. Das ist grober Unfug. Das ist schon faszinierend, das Rätselhafte zu akzeptieren und immer Neues zu erkennen in dem Weltbild, in dem wir leben. Das hat ja auch seinen Wert. Aber dazu gehört, zu suchen und zu fragen: Was sind die Gründe dahinter? Was ist die Maschinerie der Welt, in der wir leben? Doch von vornherein in einer dualistischen Perspektive zu sagen: ›Es gibt einen ganz anderen Seinsbereich, der wirkt in mich hinein‹, dafür gibt es für mich keine wissenschaftliche Begründung. Außer vielleicht im Telepathischen. Wir müssen als Wissenschaftler in Hypothesen sprechen. Wahrheit ist nicht unser Geschäft, sondern Richtigkeit, Stimmigkeit der Beobachtung und Befunde.

Und jetzt muss ich ein wenig energischer werden: Wenn bestimmte Randbedingungen von vornherein als normativ gelten und ich nicht mehr nachdenken, nicht mehr hinterfragen darf, dann ist das die Verweigerung der Aufklärung. Dann sind wir mitten im Fundamentalismus. ›Wage zu denken!‹, hat Kant gesagt. Unser Kulturkreis ist dadurch gekennzeichnet: Wir wagen zu denken. Doch wir alle leiden an einer Krankheit, der ›Monokausalitis‹. Das heißt, alles immer aus einem Prinzip heraus erklären zu wollen. Wenn wir nur die Intuition sich entfalten lassen, alles, was mir grade so einfällt, vielleicht sogar einer politischen Leitfigur einfällt, das wäre Demagogie, Terror, Diktatur. Man muss das ausbalancieren durch das Rationale. Man muss die Intuition berücksichtigen, aber es muss auch die rationale Begründung da sein, beides muss zusammenwirken. Sonst verzichte ich auf die Pointe des Menschseins. Wenn man nur Teilmengen des Menschlichen fördert in einem gesellschaftlichen Kontext, dann führt das immer in die Katastrophe.«

Welche Bedeutung spielt Intuition in Ihrem eigenen Leben und für Sie als Wissenschaftler?

»Meine wichtigsten Erkenntnisse entstanden durch Zufallsprozesse. Das heißt, man stolpert über etwas, das man nicht erwartet hatte. Das mag man ›Intuition‹ nennen. Man nutzt dabei das Prinzip des Zufalls. Wie läuft das ab? Ich komme in eine Situation oder ich treffe einen Menschen und sehe etwas, das aus dem Rahmen fällt. Auf der bewussten Ebene des rationalen Verstandes passt etwas nicht. Es ist eine Unstimmigkeit vorhanden. ›Intuition‹ heißt in diesem

Zusammenhang: durch diese Wahrnehmung der Unstimmigkeit wird in meinem Gehirn ein Prozess in Gang gesetzt. Es ist der Versuch, wieder eine Stimmigkeit herzustellen. Es geht darum, eine Antwort zu generieren, auf eine Frage, die ich noch gar nicht kenne. Das ist das Interessante an meiner Arbeit. Es gibt andere wissenschaftliche Arbeiten, die schrecklich langweilig sind – rein hypothesenorientiert. Aber die Generierung von neuen Einsichten beruht darauf, über etwas zu stolpern, was nicht da war, was nicht erwartet wurde. Ein Symmetriebruch in der Erwartung erzeugt Aufmerksamkeit, wodurch innere Prozesse auf der impliziten Ebene des Gehirns in Gang gesetzt werden. Dann kann irgendwann der Einfall kommen: ›Ja, das ist es, das könnte es sein.‹ Es ist eine neue Frage entstanden. ›Intuition‹ heißt dann, wichtige Fragen zu stellen, an die man vorher nicht gedacht hat. Das ist das wissenschaftliche Geschäft.«

> *Man kann einen Menschen nichts lehren,*
> *man kann ihm nur helfen,*
> *es in sich selbst zu entdecken.*
> GALILEO GALILEI

»Ich möchte gar nicht so sehr zwischen Ratio und Intuition trennen. Für mich ist das kein Riesenunterschied. Je nachdem auf welcher Skala man sich befindet, redet man von Intuition oder man redet von Ratio«, sagt Professor Dr. Gerd Binnig. 1986 erhielt Gerd Binnig den Nobelpreis für Physik. Dabei hätte er sein Physikstudium beinahe frühzeitig an den Nagel gehängt:

»Die Physikvorlesungen an der Universität waren für

mich fast unerträglich. Physik wurde gelehrt wie Mathematik, rein formalistisch. Am Ende des Studiums konnte ich besser Gitarre spielen, Singen und Fußball spielen als Physik machen. Zur Physik gehören meines Erachtens philosophische Erwägungen. Es geht doch um die Natur – die kann man nicht definieren. Man kann nur staunend fragen: Warum ist die Welt so und nicht anders?«

Erst mit seiner Diplomarbeit, also gegen Ende seines Studiums, begann Gerd Binnig wieder Freude an der Physik zu haben: »Die Diplomarbeit ist ein kreativer Prozess. Man gestaltet Forschung mit. Man weiß im Voraus nicht, was herauskommt. Man kann auch nicht einfach einen erlernten Mechanismus einsetzen, um ans Ziel zu gelangen. Man muss so nach und nach einen Weg finden, auch auf seine Intuition hören, um ein Problem zu lösen.«

Nach seinem Studienabschluss bekam Gerd Binnig eine Offerte von einem Forschungslabor bei Zürich. »Vielleicht, weil sie einen Mittelstürmer für die Firmenmannschaft suchten, ein Posten, den ich dann acht Jahre lang ausgefüllt habe«, scherzt er. Zusammen mit seinen Schweizer Kollegen arbeitete er daran, Oberflächen verschiedener Substanzen zu untersuchen, was letztlich zum Rastertunnelmikroskop führte: einer neuen Technologie, mit der einzelne Atome abgebildet und bearbeitet werden können und die neue Wege in die zukunftsträchtige Nanotechnologie eröffnete.

»Beim Mikroskop schaut man in die Dinge hinein und zwar sehr fein, bis zum Atom hin, und dann nimmt man Dinge wahr, die man sonst mit den Augen nicht wahrnehmen könnte, und Wahrnehmung spielt bei der Intuition eine große Rolle. Ich würde sagen: Intuition ist die Verarbeitung und die Sammlung aller Wahrnehmungen im Laufe des Lebens.

Ich glaube auch, dass man Intuition oder unser menschliches Unterbewusstsein, aus dem ja die Intuition kommt, ganz gut mit einer Firma vergleichen kann. Da gibt es einen Vorstandssprecher, oder das Management, einer Firma, das ist das, was wir Ratio nennen oder unseren Verstand, unser Bewusstsein. Es ist das, was nach außen wirkt, mit der Umgebung kommuniziert. Während die Intuition für mich für das Leben innerhalb einer Firma steht: für die vielen Mitarbeiter, die alle ihre Intelligenz in den Erfolg des Unternehmens mit einbringen. Auch unser Gehirn ist ein Gebilde mit sehr vielen lokalen Intelligenzen. Unser ›Ich‹ wäre dann so etwas wie der Sprecher des Gesamtsystems. So sehe ich das, was Sigmund Freud unser ›Ich‹ genannt hat. Und dann gibt es aber auch noch das ›Es‹, dem Freud keine besondere Intelligenz eingeräumt hat. Ich aber würde sagen, 99,9 Prozent unserer Intelligenz liegen in diesem unbewussten ›Es‹ und nicht in dem ›Ich‹.

Und genauso verhält es sich mit einer Firma: Wenn Sie einen Großkonzern nehmen und sagen: ›Da denken nur fünf Leute, der Rest ist dumm‹, dann können Sie sich überlegen, wie erfolgreich diese Firma sein wird. Die kommt nicht sehr weit. Doch in Wirklichkeit ist da eine riesige Intelligenz vorhanden, verteilt über unendlich viele Leute – in einem Großkonzern sind es, sagen wir, 300 000 Leute –, und diese Menschen kommunizieren alle miteinander. Das ist für mich sozusagen das Unterbewusstsein oder die Intuition des Unternehmens. Wenn es einem Firmenchef nicht gelingt, auf diese Informationen, auf dieses Wissen zuzugreifen, das da irgendwo verteilt ist, zum Teil versteckt ist, dann macht er einen riesigen Fehler. Dann vertraut er nicht auf seine Intuition. Dann vertraut die Firma nicht auf ihre Intuition. Intuition ist für mich die Kommunikation innerhalb einer Struktur. Und innerhalb unseres Gehirns finden Kommunikationen statt, von denen wir gar nichts wissen, die wir auch nicht verstehen, wo wir heute meilenweit davon entfernt sind, sie zu verstehen. Genau die aber machen den mit Abstand größten Teil unserer Intelligenz aus. Nur ein ganz kleiner Teil unserer Intelligenz wird geprägt durch unsere Ratio. Der Rest ist Intuition oder Unterbewusstsein oder die interne Intelligenz, die wir gar nicht kennen, von der wir nichts wissen, die man aber kennen kann, wenn man versucht, da hineinzugehen und zu verstehen.«

Gerd Binnig ist heute Manager eines erfolgreichen Unternehmens, das neue Computersprachen vor allem für die Medizintechnik entwickelt:

»In der Psychoanalyse wird versucht, Unterbewusstes bewusst zu machen. Das Gleiche versuche ich mit meiner Arbeit. Wir modellieren am Computer menschliche Intelligenz, menschliche Wahrnehmungen. Da merkt man, dass wir vollkommen intuitiv wahrnehmen und nicht über eine Ratio. Wir denken nur, wir würden rational wahrnehmen. Wenn wir eine Tasse sehen, wissen wir sofort, was das ist. Wenn man aber fragt: Woran erkennt man eine Tasse? Da kommen keine vernünftigen Antworten, oder es kommen die falschen Antworten. Wir wissen eigentlich nicht, warum wir eine Tasse als Tasse erkennen, oder einen Tisch als Tisch, nicht einmal bei einer Linie wissen wir es. Was ist denn überhaupt eine Linie? Wenn man versucht, dies dem

Computer mit dem, was man so hört, beizubringen, dann macht der nur Unsinn.

Wir wissen gar nicht, wie intelligent wir sind, wie unsere Intelligenz funktioniert. Unsere Ratio, unser Bewusstsein ist nur ein winziger Bruchteil unserer Intelligenz. Kein Computer kann heute einen Picasso von einem Urlaubsbild unterscheiden. Wir können das innerhalb von Millisekunden. Dem Computer fehlt die Komplexität unserer Denkweise. Wenn man sich damit beschäftigt, erkennt man auch, dass alles, was uns begegnet, in einen Kontext, in einen Zusammenhang eingebettet ist. Ein Beispiel: Zeige ich eine einfache Scheibe, dann kann niemand etwas damit anfangen. Platziere ich aber Messer und Gabel daneben, weiß jeder sofort: das ist ein Teller. Der Kontext spielt eine zentrale Rolle, denn in unserem Universum ist letzten Endes alles mit allem gekoppelt und verbunden, und wir nehmen immer nur die Wechselwirkungen wahr.«

Und hierbei kann uns die Intuition helfen?

»Wenn wir etwas wahrnehmen, ist das ein sehr komplexer Vorgang. Wenn wir durchs Leben gehen, ist das ebenfalls sehr komplex: Wenn wir neue Projekte starten, wenn wir ein Bild malen, was auch immer wir tun – es sind ungeheuer komplexe Vorgänge. Allein wenn wir ein Bild betrachten mit all seinen Pixeln, da könnte man jede Kombination von Pixeln ausrechnen und untersuchen, ob es dazu ein Objekt gibt, das wir kennen. Kann man die Pixel mit einem Muster vergleichen? Dabei kommt man auf Zahlen, die ins Unendliche explodieren. Die Möglichkeiten zu kombinieren sind schon bei einem einzigen Bild beinahe unendlich groß. Da kommt man mit Logik nicht zum Ziel. Man kann versuchen zu vereinfachen, aber in der Regel ist das Ergebnis auch dann noch viel zu komplex. Insofern gibt es überhaupt nur einen Weg, und das ist der, der Intuition zu folgen.

Die Intuition ist unser gesamter Denkapparat und nicht nur das kleine bisschen Logik, das wir haben. Es ist ein riesiger komplexer Apparat, der kann mit Komplexität umgehen, weil er selbst so komplex ist. Der kann für uns der Wegweiser sein im Umgang mit einer Komplexität, die uns andernfalls überfordert. Das sieht man heute in unserer Gesellschaft: Wir haben keine gesellschaftliche Intuition, die uns in die richtige Richtung lenkt, und deshalb können so Sachen passieren wie die Finanzkrise. Niemand versteht mehr, wie dieses Netzwerk der Finanzwelt funktioniert. Wenn man die Umweltprobleme noch mit hinzunimmt, dann kann man überhaupt keine Lösung mehr erkennen. Wir verstehen das nicht, das ist viel zu komplex. Hier ist selbst die Intuition eines einzelnen Menschen überfordert. Hier brauchen wir vermutlich eine neue Struktur. Hier ist die Intuition der Gesellschaft als Ganzes gefordert, auch wenn wir heute gar nicht wissen, was das sein könnte. Aber es wäre lohnenswert, darüber nachzudenken.«

In welche Richtung könnte es gehen?

»Ich sehe den Menschen nicht so, wie er heute meist gesehen wird: neben der Natur stehend. Wenn man der Natur heute sozusagen etwas Gutes tun will, dann sieht man sie als Partner des Menschen. Das ist meiner Ansicht nach jedoch falsch. Wir sind nicht Partner, wir sind Teil der Natur. Ich glaube, dass unsere Probleme nicht in dieser gravierenden Form existieren würden, wenn wir mehr das Gefühl hätten, dass wir ein Bestandteil des Ganzen sind, anstatt so tun, als würden wir darüberstehen.«

Alle Vorstellungen,
die wir über die äußere Welt entwickeln,
sind letztlich nur Reflexionen unserer
eigenen Wahrnehmung.
MAX PLANCK

»Die gesamte Menschheit, das Ökosystem, dieser Planet, das Sonnensystem – von alldem sind wir ein Teil und sind mit allem verbunden«, erklärt uns auch der Biologe Professor Dr. Rupert Sheldrake. »Wir sind keine isolierten Geschöpfe, die außerhalb der materiellen Welt stehen. Auch Wissenschaft heißt nicht, die Wirklichkeit wie durch eine Glasscheibe zu betrachten, vielmehr ist Wissenschaft ein interaktiver und mitgestaltender Teil der Welt, in der wir leben. Wenn wir diese Verbundenheit anerkennen, erscheint auch Intuition viel weniger überraschend. Sie ist dann etwas ganz Natürliches. Und genauso sehen es die meisten Menschen in den meisten Regionen der Erde.«

Intuition oder intuitive Einsicht ist das,
was wir unmittelbar fühlen;
sie ist ein ästhetisches Empfinden
für den Augenblick als Ganzes.
JEREMY W. HAYWARD

Ich schaue auf den Apfelbaum im Garten meiner Eltern. Die kahlen Äste wiegen sich im Wind. Ich kenne auch das zarte Grün seiner Blätter im Frühjahr; die Blütenpracht im Frühsommer mit dem Summen eines Heeres von Bienen zwischen den Blüten; dann die üppige Fülle von Äpfeln im Herbst, wenn sich die Äste fast bis auf den Boden spannen und der ganze Baum zu bersten droht. Der Baum ist stetige Veränderung. Er ist Äste, Blätter, Stamm, Wurzeln. Wo sind seine Grenzen? Was wäre der Baum ohne die Erde, in die seine Wurzeln reichen? Was wäre er ohne das Wasser, das seine Wurzeln in der Tiefe aufnehmen und bis in jede Spitze leiten? Gehören Wasser, Erde, Mineralien mit zum Baum? Die Blätter tauschen Gase mit der Atmosphäre aus und empfangen Sonnenlicht aus ihr. Gehört das alles mit zum Baum? Er ist Leben und verbunden mit allem, was ihn umgibt. Und wie alles Leben ist auch dieser Baum einzigartig. Es gibt nirgendwo auf der Welt einen genau gleichen Apfelbaum. Selbst jedes einzelne Blatt an seinen Ästen unterscheidet sich von allen anderen.

»Die Elemente, die uns umgeben, die Erde, das Wasser, Feuer und Luft, das sind wir auch selbst. Sie sind in uns«, meint der Inka-Priester Naupany Puma. »Unsere gesamte Nahrung – Fleisch, Obst, Gemüse, Brot –, alles, was wir essen, kann man auf Erde zurückführen. Wer einen Komposthaufen hat, weiß das. Alles wird wieder zu Erde. Unsere gesamte Nahrung ist im Grunde nur Erde in verschiedenen Formen. Wir müssen essen, wir müssen unserem Körper immer wieder verschiedene Formen von Erde zuführen, denn unser Körper selbst ist Erde. Wir sind auch Wasser, Feuer und Luft. Wenn ich nur irgendwo meine Haut ritze, tropft Blut heraus. Wir kennen Tränen, Schweiß, Urin. Wenn wir unseren Körper genauer anschauen, gleicht er einem Wassersack. Das meiste in uns ist Wasser. Deshalb trinke ich etwas von mir selbst, wenn ich Wasser trinke. Genauso ist Feuer in uns. Egal, wie kalt die Luft ist, die wir einatmen, wenn wir ausatmen, ist unser Atem warm. Es ist das Feuer in uns, das diese Luft erwärmt. Solange wir leben, ist dieses Feuer in uns. Ich kann die Wärme überall an mir spüren. Vom Herz zum Kopf führt der Kamin unseres Lebens. Die Luft, unser Atem, ist Leben. Wir müssen nur einen Moment den Atem anhalten, um wieder zu spüren, wie wichtig Luft für uns ist. Wir können ohne Augen und ohne Arme und Beine leben, aber nicht ohne Luft. Wir sind Luft. Sie entspricht dem Geist. Sie ist ohne Form und ohne Grenzen. Alle Informationen kommen über die vier Elemente zu uns. Der erste Schritt, um das zu verstehen, was wir Intuition nennen, ist deshalb: Erkennen, wer du bist! Das heißt: beobachten, bewusst sein, aufmerksam sein, wahrnehmen. Wir naturverbundenen Völker betrachten so die Welt und das Leben.«

Was steht der Intuition im Weg?

Das Ziel des Lebens ist es,
deinen Herzschlag in Einklang zu bringen
mit dem Herzschlag des Universums,
sodass die Natur und deine Natur stimmig werden.
JOSEPH CAMPBELL

»Intuition ist für mich eine geheimnisvolle Kraft, die jeder Mensch mitbekommen hat. Sie ist ein Teil unserer Grundausstattung als Menschen. Intuition ist für mich der Teil in uns, der macht, dass wir uns eins fühlen mit uns, mit der Welt, mit anderen, dass wir uns sicher fühlen mit dem, was richtig für uns ist, dass wir uns stimmig fühlen, sodass wir auf dem Weg des Geheimnisses wandeln dürfen. Aber in unserer Zeit muss die Intuition meistens im Hinterstübchen warten, bis sie einmal eine Chance bekommt. Ich lade alle Leute ein, das Türchen aufzumachen, die Intuition reinzulassen und dann zu gucken, was im Leben passiert«, sagt Paro Bolam. Wir treffen sie in ihrem »Atelier für Wort und Farben« im oberbayerischen Uffing am Staffelsee.

»Mein Lebensweg hatte viele Stationen«, erzählt sie. »Ich habe in Indien meditiert, in London Theater gemacht und Theaterkostüme genäht, in Amsterdam gemalt und meine Intuition entdeckt und im Laufe meines Lebens an vielen Orten viele, viele Ausbildungen absolviert. In meiner kleinen Schule am Staffelsee leite ich heute Kurse zu krea-tiven Prozessen beim Malen, Schreiben und im Leben. Ich glaube, dass jeder Mensch das tiefe Bedürfnis hat, sich von innen heraus auszudrücken. So wie es für ihn oder sie stim-mig ist und im Moment entspricht. Das ist in jedem. Ob da dann Bilder daraus werden oder was weiß ich – die Leute haben ja ganz verschiedene Berufe und Verschiedenes, das sie tun in der Welt. Intuition ist immer anwesend, spricht durch mich, ist in meinem Leben vorhanden, und wenn der Kopf der Intuition den Raum gibt, dann ist das eigentlich so, wie wir hätten sein sollen von Anfang an.«

Und was steht unserer Intuition im Weg?

»Ich sehe es so: Die Gesellschaft, in der wir leben, för-dert den Kopf und hat von Intuition meistens nicht viel Ah-nung, schätzt sie nicht, findet die nicht wichtig, hält sie für Spielkram. Der Kopf wird dadurch groß und glaubt, dass er eine sehr, sehr wichtige Funktion in unserem Leben erfüllt. Wichtiger als alles andere. Wenn der Kopf nicht kontrolliert, wenn er nicht plant, wenn er nicht über richtig oder falsch entscheidet, dann läuft gar nichts. Diese Autoritätsfunktion des Kopfes, dieses Am-Hauptplatz-Stehen, der Wichtigste sein, das macht, dass wir sehr einseitig sind, nicht wirklich kreativ sind, einschichtig sind – eben weil ein großer Teil von uns nicht zu Wort kommt, nicht mitspielen darf. Der große Teil in uns, der nicht mitspielen darf, der rächt sich ir-gendwann. Der sitzt im Körper und meckert. Da bekommt man dann Bauchschmerzen oder ist unzufrieden oder kriegt eine Depression. Weil da oben immer so ein Herr auf dem Thron sitzt und bestimmt.

Fangen wir an, der Intuition wieder Raum zu geben – was

ich in meinen Kursen versuche und auch auf ganz vielen anderen Plätzen in der Welt –, dann merken wir erst mal, dass der Kopf das nicht möchte, er möchte es nicht, weil er es nicht versteht, weil er nicht gelernt hat, mit irgendjemand anderem, mit einer anderen Instanz zu kooperieren. Der versteht auch nicht, wofür das gut sein soll, der ist ja geprägt von der Gesellschaft, und in der Gesellschaft wird gesagt, das ist nicht gut. Das glaubt er natürlich auch. Denn er ist ja wie so ein Wiederholer von Endlostapes aus der Schule, aus dem Elternhaus, alles gelernte Sachen.

Irgendwann aber entdeckt der Kopf vielleicht: Intuition ist ja ganz spannend, da kann ich ja sogar mitspielen und da darf ich auch mitspielen. Und dann muss man ihm manchmal sagen, er soll mal die Klappe halten, und er lässt sich dann nach längerer Zeit auch ein bisschen leiser stellen und findet es ganz spannend, was da alles passiert, und liebt es, darüber zu reden. Du siehst ja, was ich gerade mache: Mein Kopf jubiliert, weil ich jetzt erzählen darf.

Wenn ich aber wirklich mit der Intuition in Kontakt bin, im Flow bin, dann denke ich nicht mehr daran, meine Intuition zu spüren. Irgendwann ist das nicht mehr ›Ich spüre meine Intuition‹ oder ›Ich höre auf meine Intuition‹, denn dann ist meine Intuition wieder voll funktionsfähig, so, wie sie eigentlich sein sollte: immer anwesend, spricht sie durch mich, ist in meinem Leben vorhanden. Ab und zu sagt der Kopf: ›Jetzt will ich aber auch mal das Ruder in die Hand nehmen.‹ Das darf er dann auch und dann tritt er wieder zurück, weil es wird ihm auch langweilig ohne die Intuition, die lieben sich ja eigentlich, die ergänzen sich wunderbar, die sind ja ein richtig tolles Ehepaar, wenn wir das mal kapieren. Also, wenn der Kopf der Intuition den Raum gibt, dann ist Intuition auch schon kein Wort mehr, das wichtig ist. Dann ist das eigentlich so, wie wir hätten sein sollen von Anfang an.«

Und das ist dann auch die Basis für Kunst und Kreativität?

»Wenn die Intuition in der Kreativität so stark geworden ist, so autark, dass sie mit dem Kopf auf einer Ebene ist, dass die sich austauschen können, dann können auch große Werke entstehen. Das ist wie eine alchimistische Hochzeit, wenn die beiden Teile zusammenkommen, und in den großen Werken spürt man das auch, dass da ein unglaubliches Gleichgewicht vorhanden ist, etwas, nach dem wir uns alle sehnen, etwas, das wir auch in Beziehungen suchen. Man kann es aber auch im kreativen Tun für sich selber finden.«

Wie aber kommt man dahin?

»Ich glaube, es muss bei den meisten damit anfangen, dass der Kopf einsieht, dass es so nicht weitergehen kann. Leute haben eine Krise, Leute hören von anderen, die sind so verändert, da passieren so schöne Sachen, Leute sehen einen Film, in dem darüber geredet wird, irgendetwas wird berührt in einem, da muss ein Anstoß kommen, damit der Kopf bereit ist zu sagen: ›Okay, das will ich einmal ausprobieren.‹ Zu mir zum Beispiel kommen dann Leute in den Kurs, mit ihren Wasserköpfen, einige jedenfalls, nicht alle, und sagen: ›So, ich dachte, ich male mal. Ich kann's eigentlich nicht, habe seit der Schule nicht gemalt und bin auch sehr kopfgesteuert, aber du hilfst uns ja dabei.‹ Und das mache ich dann. Man kann aber auch Trommeln gehen oder Meditieren oder in die Natur. Es geht darum, wieder in Kontakt mit sich selbst zu kommen.«

Die Wahrheit liegt bei allen Modellen;
es hängt davon ab, von welchem Standpunkt aus
man den Menschen bzw. die Welt betrachtet.

KEN WILBER

Unsere Zeit ist hauptsächlich geprägt durch Wirtschaft, Wissenschaft und Technik. Dabei verbinden wir meist rationales Denken mit Fortschritt. Intuition wirkt auf viele wie ein romantischer Rückfall in längst überwundene vormoderne Denk- und Lebensweisen. Generell scheinen unsere intuitiven Fähigkeiten nur eine unbedeutende Nebenrolle im gesellschaftlichen Leben zu spielen. Wir machen jedoch in immer mehr Lebensbereichen die Erfahrung, dass wir mit rein logischem, analytischem Denken an Grenzen stoßen und uns in Sackgassen wiederfinden:

»Die Überbewertung von analytischen Gründen, das heißt, von Entscheidungen, die alleine auf rational nachvollziehbaren Gründen beruhen, führt dazu, dass viele Menschen sich immer mehr in einem Käfig von Angst und Befürchtungen befinden«, sagt Professor Dr. Gerd Gigerenzer vom Max-Planck-Institut für Bildungsforschung in Berlin. »Intuitive Entscheidungen kann man ihrer Natur nach nicht begründen. Wenn man also in einer Unternehmenskultur oder einer politischen Kultur lebt, wo das nicht akzeptiert wird, und man nur Entscheidungen treffen darf, die rational zu begründen sind, dann wird man intuitive Entscheidungen nicht mehr treffen können, ohne sich angreifbar zu machen. Das führt dann oft dazu, dass man versucht, die Verantwortung für seine Entscheidungen auf andere abzuwälzen. Wir versuchen dann, Verantwortung nach außen abzuschieben, etwa auf externe Experten oder Beratungsfirmen, die eine Absicherung versprechen. Dabei entsteht ein Klima, in dem ich meine Entscheidungen ständig verteidigen muss. Die Folge davon ist das, was ich defensive Entscheidungen nenne. Eine defensive Entscheidung ist eine Entscheidung, die typischerweise gegen die Intuition, gegen das Bauchgefühl gerichtet ist. Man sucht nicht nach den besten Lösungen für das Unternehmen, sondern nach Lösungen, mit denen ich meine Entscheidungen am besten verteidigen kann, wenn etwas schiefgeht. Das finden Sie in vielen Bereichen unseres Lebens. Besonders in der Wirtschaft und in der Politik. Häufig auch in der Medizin.

Wenn Sie etwa als leitender Angestellter das Gefühl haben, bei etwas das Richtige zu tun, aber nicht genau sagen können, warum, dann ist es oft so, dass Sie dem nicht nachgehen, sondern eher einer defensiven Reaktion folgen: Sie stellen sich eine Beratungsfirma ein, die schreibt 200 Seiten Bericht, dann sind Sie abgesichert. Oder Sie kaufen sich jemanden, der ein großes Computerprogramm hat und die Prognose durchrechnen kann mit einem statistischen Softwareprogramm, das sowieso niemand versteht, aber dann sind Sie auch abgesichert. In anderen Bereichen ist da zum Beispiel der Arzt, der eigentlich weiß, was Ihnen fehlt, aber er kann nicht mit seiner Intuition umgehen oder wagt es zumindest nicht. Dann macht er nochmals zwölf Tests, die Ihre Gesundheit genauso belasten wie das Budget der Krankenkasse und deren Ergebnisse vielleicht gar nicht angeschaut werden, aber wenn etwas schiefgeht, hat man das alles gemacht. Und das ist ein Problem, das Sie in sehr vielen Bereichen haben: defensives Entscheiden und nicht der Intuition folgen.

Diese Probleme haben Familienunternehmen in der Regel nicht so sehr. Da hat man eine bessere Fehlerkultur und folglich einen leichteren Umgang mit Intuition. Diejenigen, die am meisten Angst haben, sind im mittleren Management größerer Firmen. Das führt dann oft dazu, dass man dort sehr viel Zeit verschwendet, um Gründe zu suchen für Entscheidungen, die man eh schon getroffen hat. Leider handelt es sich dabei in vielen Fällen um die zweitbeste Entscheidung.

Ich habe mich mit diesen Bereichen intensiv auseinandergesetzt und gesehen, dass es viele Vorteile bringt, wenn man sich um eine echte Balance bemüht zwischen Abwägen mit Kopf und Verstand und intuitiven Entscheidungen. Man sollte intuitiven Entscheidung ihren Platz geben, sie rausnehmen aus dem Rechtfertigungszwang und sie zum Beispiel unter eine Qualitätskontrolle stellen. Dann ist die Frage nicht mehr: Können Sie das begründen? Sondern die Frage ist: Wie gut sind die Ergebnisse? Wie gut ist der Mann oder die Frau, in dem, was er oder sie macht? Das geschieht in anderen Bereichen ganz selbstverständlich. Wenn ein Fußballer ein brillantes Tor geschossen hat, dann sagt niemand: Begründen Sie das mal. Erklären Sie, wie Sie das gemacht haben, sonst zählt das Tor nicht. In vielen Bereichen unseres Lebens ist es aber genau so: Man soll alles rational erklären und begründen.

Wenn man die negativen Folgen dieser Vorgehensweise kennt, kann man das sogar strategisch einsetzen, um sich einen Vorteil zu verschaffen: Wir wissen inzwischen, wenn jemand intuitiv sehr, sehr gut ist, in einem bestimmten Bereich, dann ist es besser, die Aufmerksamkeit nicht darauf zu lenken. Das gilt insbesondere bei Fähigkeiten, die mit dem Körper zu tun haben, die also in der körperlichen Intelligenz verankert sind. Ein Beispiel: Wenn Sie Tennis spielen, und Ihr Gegner spielt Sie an die Wand mit seiner Vorhand oder Rückhand, oder was auch immer, und Sie kommen nicht damit zurecht, was können Sie tun? Sie könnten Ihren Gegner beim Seitenwechsel fragen: ›Mensch, du hast heute eine solche Vorhand, wie machst du das nur?‹ Und dann haben Sie eine gute Chance, dass er beginnt, darüber nachzudenken, und das Problem ist gelöst. Wenn er anfängt darüber nachzudenken, trifft er nicht mehr. Man kann diese Effekte in vielen Experimenten zeigen. Wenn Sie Experten haben wie zum Beispiel Golfspieler und Sie instruieren sie: ›Passen Sie genau auf Ihren Schwung auf‹, dann werden diese Leute nicht besser, sondern schlechter. Wenn Sie das allerdings bei Anfängern machen, werden die vielleicht etwas besser.

Das sind Prinzipien, die man verstehen kann und die man auch anwenden kann auf sich selbst und die man vielleicht sogar strategisch einsetzen kann. Was wichtig wäre nach rund 300 Jahren der Abwertung von Intuition: zu erkennen, dass wir verschiedene Arten und Weisen haben, wie wir mit einer unsicheren Welt, mit einer risikobehafteten Welt umgehen. Das eine sind gute Intuitionen, und das andere ist gutes Denken«, resümiert Professor Gigerenzer.

Pater Anselm Grün kennt ebenfalls beide Seiten. Als Mönch hat er tiefe Erfahrungen mit Innenschau, mit Kontemplation gemacht und gewinnt daraus Kraft für seinen Alltag. Als Cellerar des Klosters Münsterschwarzach ist er auch mit den weltlichen Problemen und Nöten unserer Zeit vertraut:

»Unsere Zeit ist eine Zeit der Sachlichkeit, der Nüchternheit, der Rationalität. Rationales Denken ist ja auch durchaus sinnvoll. Wir sollen uns nicht nur von Gefühlen leiten lassen. Aber unser rationales Denken ist von Angst geprägt. Wir wollen alles beweisen, alles kontrollieren, im Griff haben, und das entspricht nicht dem Wesen des Menschen. Der Mensch lässt sich nicht in den Griff bekommen. Wenn man es versucht, ist das Leben von Angst geprägt: Kann ich meine Entscheidungen alle rational begründen? Habe ich einen Fehler gemacht?

Bei Intuition kann man nicht von Fehlern sprechen. Gut, man kann sagen: Ich habe vielleicht etwas anders gesehen, anders gespürt. Aber damit müssen wir rechnen. Manchmal können wir nicht klar trennen zwischen eigenen Wünschen und der inneren Intuition. Aber auch das rein rationale Denken ist nicht rein rational, sondern wird von anderen inneren Kräften gesteuert. Fehler gibt es da und dort. Wir müssen frei werden von der Tendenz, alles absichern zu wollen, ja keinen Fehler machen zu wollen, sich keinen Irrtümern auszusetzen. Zum Leben gehört auch, verletzt zu werden und Fehler zu machen. Nur wenn ich das zugebe, kann ich meiner Intuition trauen. Wenn ich aber in der Angst lebe, alles kontrollieren zu wollen, dann wird das kein Leben.

Auch Jesus hat dieses Bild des Menschen, der nichts wagt und alles unter Kontrolle hält, gegeißelt. Im Neuen Testament gibt es bei Matthäus und Lukas das berühmte Gleichnis von den Talenten. Darin schildert Jesus einen Herrn, der seine Knechte reich mit Talenten ausstattet, das heißt, ihnen große Geldbeträge überlässt, sich dann auf Reisen begibt und nach seiner Rückkehr Abrechnung hält. Zwei Knechte trauen ihrer Intuition und leben damit und das bewährt sich, und der Dritte vergräbt seine Talente, weil er Angst hat, er könnte Fehler machen. Er hat so ein Sicherheitsbewusstsein. Er möchte sichergehen, dass ja kein Fehler geschieht. Und Jesus sagt: ›Werft ihn in die äußerste Finsternis. Dort wird er heulen und mit den Zähnen knirschen.‹ Viele Menschen sagen: ›Unmöglich, wie kann Gott so streng sein?‹ Und Jesus sagt: ›Nicht Gott ist so streng, sondern wenn du dieses Lebensmodell lebst, mit der Angst vor Gott, diesem Bild von Kontrollmechanismen, dann ist dein Leben jetzt schon Heulen und Zähneknirschen.‹

Und das ist durchaus wörtlich zu nehmen. Ich kenne Menschen, die nachts mit den Zähnen knirschen. Das sind die, die auch das Unbewusste noch kontrollieren und in den Griff bekommen wollen. Aber das tut weder der Seele noch den Zähnen gut.«

Was ist die Alternative?

»Wenn ich glaube, dass in mir nicht nur eine Lebensgeschichte ist, sondern Gott bzw. Christus in mir wohnt, gibt das ein Gefühl der inneren Freiheit und auch ein Vertrauen. Da bin ich nicht fixiert auf meine Fehler und Schwächen, sondern ich weiß um meine Grenzen, um meine Menschlichkeit, aber ich bin auch dankbar für diesen innersten Kern, wo ich spüre, da ist etwas in mir, was ganz stimmig ist. Das gibt mir erst die Möglichkeit, meine Identität durchzuhalten und auf meine Intuition zu vertrauen. Wenn ich das Bild habe, mein innerster Kern ist schlecht, dann kann ich gar nicht ich selber sein. Dann muss ich mich anpassen, nach äußeren Normen richten. Aber die christliche Botschaft ist eben, dass der innerste Kern gut ist und heil und ganz, weil Christus dort ist. Wo Christus ist, da hat die Sünde keinen Zutritt. Da ist der innerste Kern unversehrt. Das ermöglicht, voll Vertrauen zu leben, und auch dem Gefühl und der Intuition ein Stück zu trauen und nicht sofort zu sagen, da ist ein Dämon dahinter, der alles verfälscht. Es gibt leider Menschen, die ihren eigenen Gefühlen nicht trauen, weil sie so fixiert sind auf Schuld, auf das Böse, dass sie alle inneren Räume sofort mit diesen negativen Bildern aufladen.«

Es gibt kein Leben ohne Tod,
ich bring mich wieder ein.
Ich möchte wieder widerstehn
und weiterhin verwundbar sein.
KONSTANTIN WECKER

In seiner Münchner Wohnung besuchen wir den Liedermacher Konstantin Wecker. Nach vielen Erfolgen auf der Bühne, aber auch Tiefschlägen und Irrwegen, von denen einer sogar wegen Drogenmissbrauchs im Gefängnis endete, macht Konstantin Wecker heute einen sehr ausgeglichenen Eindruck. Er scheint mit sich im Reinen zu sein und feiert wieder Erfolge als Musiker, aber auch als tief denkender Autor.

»Mein Verleger kam eines Tages auf mich zu und sagte, er habe das Gefühl, ich sei angekommen, und solle doch ein Buch über Glück schreiben. Darauf sagte ich zu ihm, ich könnte höchstens ein Buch über meine tausend unmöglichen Wege und Irrwege zum Glück schreiben. Ich bin nicht der Meinung, dass ich irgendwo angekommen bin. Ich glaube überhaupt nicht, dass man im Leben irgendwo ankommt. Ich glaube aber, dass man bewusster werden kann. Als ich mich dann hingesetzt habe und ein paar Monate über meine Niederlagen nachgedacht habe und die Erfolge weitgehend ausgeklammert habe, da habe ich dann festgestellt, dass gerade die Niederlagen es waren, die mich wirklich weitergebracht haben. Sie halfen mir wirklich, neue Erkenntnisse zu gewinnen. Gerade Niederlagen sind eine Möglichkeit, ernsthafter über das Leben nachzudenken. Über Erfolge freut man sich, und es ist auch schön und wichtig, Erfolge zu haben, gar keine Frage, aber bei den Niederlagen bekommen wir die Chance, innerlicher zu werden. Und man hat die Chance, über das Schicksal anderer Menschen nachzudenken. Das hilft, um aus unserem Egoismus herauszukommen.

Ich habe mein Buch *Die Kunst des Scheiterns* genannt, denn es geht darum, das Scheitern in die eigene Verantwortung zu übernehmen. Solange ich der Meinung bin, es sind immer andere schuld, die böse Umwelt oder mein böser Mann oder die böse Frau, der böse Staat oder das böse Schicksal, kann ich endlos lamentieren und bleibe darin gefangen. Man muss die Verantwortung auch für sein Scheitern übernehmen. Dann kann aus dem Scheitern wirklich etwas Positives erwachsen.

Dabei muss man sich selbst auch verzeihen können. Wir müssen einfach erkennen, dass wir als Menschen auch fehlerhafte Wesen sind. Wir sind nicht perfekt. Wir haben auch nicht alles unter Kontrolle, auch wenn das oft von uns erwartet wird. Der Arbeitgeber erwartet einen perfekten Menschen, manchmal schon die Eltern. Ich glaube, dass viele Menschen auch die Intuition nicht wollen, weil sie Angst haben, dadurch die Kontrolle zu verlieren. Wir sind eine kontrollsüchtige Gesellschaft. Wir wollen alles kontrollieren. Uns selbst, unsere Gedanken, was wir nicht können. Wir wollen aber vor allem andere kontrollieren. Wir wollen unsere Ehefrauen kontrollieren und unsere Kinder und unsere Rente und unsere Zukunft und Sicherheit, alles Mögliche wollen wir kontrollieren. Dabei merken wir gar nicht, wie uns alles entgleitet. Wir haben Angst, dass wir durch die Intuition die Kontrolle verlieren, weil wir da plötzlich intuitiv werden, weil wir plötzlich etwas tun, was in unserem Gedankengebäude vielleicht gar nicht vorgesehen war. Das macht uns Angst. Doch die Angst darf einen auf keinen Fall so lähmen, dass man nicht mehr bereit ist, Neues zu wagen.«

Konstantin Wecker sitzt an seinem Flügel im Wohnzimmer und schlägt ein paar Takte eines Liedes an: »*Einfach wieder schlendern, über Wolken gehn und im totgesagten Park am Flussufer stehn. Mit den Wiesen schnuppern, mit den Winden drehn, nirgendwohin denken, in die Himmel sehn …*«

»Ich glaube«, sagt er dann, »das hat auch mit der Kunst des Scheiterns zu tun: Je mehr ich verstehe, dass Scheitern, Niederlagen und Schmerzen zum Leben gehören; je mehr ich begreife, dass alle Glücksgefühle, alle Wohlgefühle und alle Gesundheitsgefühle genauso endliche Gefühle sind wie auch umgekehrt alle Angstgefühle und alle unangenehmen Gefühle – je mehr ich das in mich aufnehme und je mehr ich mich dieser Selbstverständlichkeit hingebe, dass wir immer einen Weg vom Scheitern zum Erfolg, von einer Niederlage zu einem anderen Erfolg gehen, jeder auf seine ganz eigene individuelle Weise, desto mehr verlieren wir die grundsätzliche Angst davor, unseren ganz eigenen Weg zu gehen und auch unserer Intuition zu folgen.«

Das Geheimnis des Glücks ist die Freiheit
und das Geheimnis der Freiheit der Mut.
PERIKLES

Was hindert Menschen daran, ihre eigenen Wege zu gehen? Was ist der Kern unseres Menschseins? Was führt letztlich zu Menschlichkeit und was zu Unmenschlichkeit? Das sind fundamentale Fragen, mit denen sich der Psychoanalytiker Professor Dr. Arno Gruen ein Leben lang auseinandersetzte.

»Intuition ist für mich eine Kraft, die aus dem Zugang zu unserem inneren Erleben emporsteigt. Dieser Resonanzraum in unserem Inneren ermöglicht es uns, mit unseren eigenen Gefühlen und Bedürfnissen in Kontakt zu sein, aber auch die Gefühle unserer Mitmenschen wahrzunehmen, und das befähigt uns auch, intuitiv zu sein. Das Empathische, das Mitgefühl ist für mich das Bindeglied zur Intuition.«

Mit bahnbrechenden Büchern wie *Der Verrat am Selbst*, *Der Wahnsinn der Normalität*, *Der Fremde in uns* oder *Falsche Götter*, in denen er einem breiten Publikum tiefe psychologische Zusammenhänge vor Augen führt, hat Arno Gruen Weltruhm erlangt. Seine Bücher wurden in bisher 16 Sprachen übersetzt und sind vielfach Bestseller. Für mich persönlich waren sie echte Lebenshilfen in schwierigen Phasen meines Lebens. Mit etwas Herzklopfen steige ich in Zürich die Stufen zu seiner psychoanalytischen Praxis hoch.

Ich freue mich darauf, Arno Gruen persönlich kennenzu-
lernen. Mit fast 90 Jahren hat er gerade noch einmal ein
neues Buch veröffentlicht: *Dem Leben entfremdet.*

Es begrüßt mich ein vitaler, älterer Herr mit leicht ameri-
kanischem Akzent. Über 40 Jahre lebte Arno Gruen in den
USA. Er wurde 1923 in Berlin geboren. 1936 entkamen er
und seine jüdische Familie mit knapper Not den Verfolgun-
gen der Nationalsozialisten.

»Wenn Hitler und die Nazis nicht gewesen wären, dann
wäre ich vielleicht in Berlin geblieben und Maler geworden. Ich hatte Talent, und die Malerei hat mir immer viel
bedeutet. Ich sehe Kunst als eine Möglichkeit, die Wahrheit
zu sagen und sich von den Fesseln der jeweils herrschenden
Kultur zu lösen«, meint Arno Gruen. Design-Klassiker und
Werke moderner Kunst schmücken seine Praxisräume.

Im Jahr 1941, mit 18 Jahren, begann Arno Gruen in New
York Psychologie zu studieren. »Die Psychologie war gerade
im Aufbruch. Wir hofften, Antworten auf die großen Fragen
des Lebens zu finden.« Später, nach Krieg, Faschismus und
Holocaust, wollte er durch die Erforschung der Seele Wege
in eine bessere Zukunft finden. »Arno Gruen ist der erste
Psychologe, den auch Nietzsche geschätzt hätte«, schreibt
der amerikanische Schriftsteller Henry Miller. Die beiden
Männer verband eine lebenslange Freundschaft.

Seit 1979 lebt und praktiziert Arno Gruen in der Schweiz.
Auch mit fast 90 Jahren hat er noch einen prall gefüllten Ter-
minplan. Nach wie vor kommen viele Menschen, teils von
weit her, in seine psychoanalytische Praxis und suchen seinen Rat. In Arno Gruens Gedankenuniversum nimmt der
Begriff »autonomes Selbst« eine zentrale Position ein:

»Autonomie ist für mich der Zustand, in dem ein Mensch in voller Übereinstimmung mit seinen Gefühlen und Bedürfnissen ist. Und nur so kann er auch Zugang zu Intuition haben. Meistens verstehen wir unter Autonomie jedoch etwas anderes, nämlich etwas, was mit der Behauptung der eigenen Wichtigkeit zu tun hat. Man muss dann anderen ständig Beweise seiner Stärke und Überlegenheit liefern. Die Autonomie, die ich meine, entwickelt sich dagegen aus dem Zugang zu unserem Inneren, zu unseren Gefühlen der Freude genauso wie denen des Leids und des Schmerzes. Das erst macht unsere Lebendigkeit aus.

Ich versuche, Patienten zu helfen, die Reste ihres wahren Selbst wiederzuerkennen. Nur aus dem heraus kann man wieder wachsen und genesen. Ich versuche zu zeigen, dass etwas Wertvolles in jedem von uns ist, etwas, was uns die Kraft geben kann, sich vom Possenspiel der Anpassung zu befreien. Meine jahrzehntelange Arbeit mit Patienten, aber auch mein Verständnis der geschichtlichen Entwicklungen haben mich zu der Überzeugung geführt: Die Basis unserer Hochkultur ist das Bestreben, die Welt im Griff zu haben, zu besitzen, zu beherrschen und gleichzeitig für Mechanismen zu sorgen, die eine Leugnung und Verschleierung dieser Motivation bewirken. Für Intuition bleibt da nicht viel Platz.«

Was heißt das genau?

»Die Geschichte der großen Zivilisationen ist die Geschichte der Unterdrückung unserer empathischen Natur. Unter Empathie verstehe ich die grundsätzlich im Menschen angelegte Fähigkeit, die Gefühle anderer mitzuempfinden. Das ist für mich der Kern unserer Menschlichkeit,

und erst diese Fähigkeit lässt uns zu einem selbstverant-
wortlichen Wesen heranwachsen. Wenn wir diese Fähigkeit
zu Empathie und Intuition unterdrücken, leben wir nicht
mehr in der Wirklichkeit. Dann haben wir uns dem Leben
entfremdet.«

Aber wie kann das überhaupt geschehen?

»Der Verlust von Empathie und Intuition und die dadurch geschaffene Basis für Unmenschlichkeit sind das Ergebnis einer Sozialisation. Der Mensch wird mit einem
grundlegenden Potenzial zu Empathie und Güte geboren.
Babys können die Zuwendung der Mutter empathisch erfühlen. Das ermöglicht es ihnen, ihre eigenen Gefühle im
Spiegelbild der Mutter oder auch anderer Bezugspersonen zu erspüren, zu gestalten und reifen zu lassen. Doch
schon in den ersten Lebensmonaten kann hier Entscheiden-
des schiefgehen. Nämlich, wenn ein Säugling nicht akzeptiert wird und nicht wahrgenommen wird mit seinen eigenen Bedürfnissen. Wir meinen ja oft, Babys können noch
nicht sprechen, denken noch nicht – wie kann sich da schon
ein eigenes Selbst äußern? Aber wenn das Gegenüber, die
Person, die für das Kind sorgt, das gerade aufkeimende
Selbst des Kindes nicht wahrnehmen kann oder es ablehnt
und ihm seinen Willen aufzwingt, dann kann das Kind damit nicht leben. Manche Säuglinge sterben wirklich daran.
In den meisten Fällen versucht das Kind aber, den Erwartungen der Eltern oder überhaupt der Bezugspersonen zu
entsprechen. Das Kind übernimmt dann die Sichtweise der
Eltern. So kann sich keine Person entwickeln, die aus dem
Herzen reagiert. So fängt es an, würde ich sagen, dass das
Kognitive die Oberhand gewinnt.«

Das kann weitreichende Konsequenzen haben, wie Arno Gruen weiter ausführt:

»Unsicherheit entwickelt sich in Kindern, wenn die sie bemutternden Erwachsenen nicht auf ihre Bedürfnisse und Nöte eingehen können. Diese Unsicherheiten führen an die Quelle, der die Jagd nach Sicherheit entspringt. Die Suche nach absoluter Sicherheit aber tötet das Leben, denn man muss sich dann immer gegen die nächste Unsicherheit wappnen. Die Folge ist die Suche nach einer Macht, durch die man sich gegen alle und alles wehren kann. Für Menschen, die so früh in ihrem Leben von Unsicherheiten und Verachtung geprägt wurden, wird Macht zum einzigen Mittel, sich ein Gefühl von Sicherheit zu erschaffen. Das Machtstreben verändert aber unser gesamtes Erleben, das ursprünglich gefühlsbestimmt ist und uns die Welt emphatisch erkennen lässt. Jetzt jedoch werden Gefühle von der Notwendigkeit, Unsicherheit zu kompensieren und zu übertrumpfen, bestimmt. Das verändert die Sicht auf die uns umgebende Wirklichkeit, eine Sicht, die jetzt nicht vom direkten empathischen Sehen und intuitiven Wahrnehmen bestimmt ist, sondern von der subjektiven Notwendigkeit, alles als Kampf um die Existenz wahrzunehmen. Das muss kein bewusster Vorgang sein und ist es meistens nicht, weil wir es als selbstverständlich erleben, uns in einem andauernden Überlebenskampf zu befinden.

So gerät unsere Wirklichkeitswahrnehmung in vorgeprägte Gedankenmuster, die auf abstrakten Formeln beruhen und die es notwendig erscheinen lassen, Macht zu besitzen. Gefühle werden durch diesen Vorgang abgetrennt von dem, was sie einmal waren, nämlich Ausdruck empathischer Prozesse, die ganz direkt der objektiven Realität entsprachen. Deswegen trauen wir unseren Gefühlen auch nicht mehr, weil die Gefühle, die wir erleben, uns so oft in die Irre führen. Wir erkennen nicht, dass das, was wir als Gefühle erleben, nichts mit natürlichen Gefühlen zu tun hat. Vielmehr sind es Artefakte, die wie Gefühle erlebt werden, deren ursprüngliche Quelle in den Unsicherheiten liegt, denen wir ausgesetzt wurden, weil unsere bemutternden Instanzen unsere empathisch gesteuerten Bedürfnisse unterdrückten.

Inneres Chaos und Leere sind die Folge. Der Mensch ist dann im wahrsten Sinne des Wortes nicht mehr er selbst. Er ist nur noch Darsteller eines Selbst. Dann wird es auch unmöglich, auf seine Intuition zu hören. Das Drehbuch für die Rollen unseres Lebens schreiben dann andere. Dann sind wir gefangen in einer Welt der falschen Gefühle, in der Wahrhaftigkeit Angst macht und Heuchelei, Täuschung und Betrug als einzige Wirklichkeit erscheinen. Unsere Aufgabe muss es sein, die Erinnerung an das Kind in uns zurückzuholen, auf der Legitimität unseres Mitgefühls zu bestehen und uns unseren Kindern heute in der Weise zu widmen, dass wir ihr eigenes Selbst wahrnehmen und anerkennen.«

Als Folge seiner eigenen traumatischen Erlebnisse mit dem Nationalsozialismus in Deutschland wurde die Frage nach den tiefsten Ursachen von Gewalt und Zerstörung in unserem Leben zu einer Kernfrage im Forscherleben von Arno Gruen:

»Nicht alle Menschen werden zu Unmenschen, wenn sie in Not geraten. Selbst unter den mörderischen Bedingungen des Nationalsozialismus gab es Menschen, die ihre Autonomie bewahrten, die dem gesellschaftlichen Druck widerstanden und an ihren eigenen Gefühlen und ihrem Moralempfinden festhielten. Was zeichnet solche Menschen aus? Hier finden Sie die Antwort auf die Frage: Was ist der Mensch? Gewalt ist immer der Versuch, der eigenen Menschlichkeit zu entkommen, weil man nicht die Kraft zu ihr hat. Und man hat nicht die Kraft, weil das eigene Menschliche, das uns allen bei der Geburt eigen ist, zum Fremden gemacht wurde.

Wenn wir nicht gegen die Preisgabe unserer authentischen Gefühle ankämpfen, zu der wir von Kindheit an genötigt werden, dann wächst die Gefahr, dass das Menschsein unterliegt und wir unsere wahre Identität verlieren. Bei unserer Geburt tragen wir das Menschsein in uns. Was sich daraus entwickelt, ist aber häufig nur eine Attrappe, die zwar die Sprache des Menschseins nachahmt, das Herz des Menschen aber verraten hat. Dann geschieht das, was der englische Dichter Edward Young schon im 18. Jahrhundert beschrieben hat: Wir werden als Originale geboren, sterben aber als Kopien. Wir meinen, unser Denken sei realistisch, wenn es von Gefühlen befreit ist, vor allem von Mitgefühl, von der Fähigkeit, Schmerz zu teilen, und vom Gefühl der Verbundenheit mit allen Lebewesen. Wir fühlen uns sicher und akzeptiert und auf eine Weise sind wir es auch, weil wir uns den gesellschaftlichen Normen entsprechend verhalten, nicht aber, weil wir uns eingebettet in die Ganzheit unserer Welt sehen. So leben wir in einer reduzierten, gespaltenen Welt – von Ganzheit kann da keine Rede mehr sein.«

Das spiegelt sich für Arno Gruen ganz besonders auch in den Wissenschaften:

»Ohne die Fähigkeit zu Empathie und Intuition kann man die Wirklichkeit nicht wahrnehmen. Wir fangen dann an, zu leben im Sinne von Ideen und Abstraktionen, die verhüllen, was wirklich vor sich geht. Und das ist das, was seit rund 300 Jahren auch in unseren Wissenschaften geschieht. Während die Intuition, die Sprache des Herzens, die Verwundbarkeit des Menschen zu seiner Natur macht, strebte die Wissenschaft in die entgegengesetzte Richtung. Die Natur des Menschen wurde ohne Bezug auf Schmerz, Freude, Ekstase und Sympathie konstruiert. Dafür steht René Descartes mit seinem berühmten Diktum ›Ich denke, also bin ich‹, das zum Leitfaden der modernen Wissenschaft wurde. Wissenschaft wird so zu einer Ideologie. Trotz der vielen Fortschritte, die sie erzielt hat, wird in allen Bereichen, in denen das Denken von der Abspaltung der Gefühle bestimmt ist, ein wahrhaft integrierendes Denken unmöglich. Was gefördert wird, ist das Reduzieren.«

Intuition und wissenschaftliches Weltbild

Der wissenschaftliche Fortschritt ist ein Bruchteil,
und zwar der wichtigste Bruchteil,
jenes Intellektualisierungsprozesses,
dem wir seit Jahrtausenden unterliegen.

MAX WEBER

»Als ich meine Erziehung zum Wissenschaftler durchlief, an der Schule und später an der Universität, gehörte der materialistische Rationalismus einfach zum wissenschaftlichen Weltbild«, sagt Professor Dr. Rupert Sheldrake. »Das Ganze erschien als zusammengehöriges Paket: Wissenschaft ist gleichbedeutend mit Atheismus und Rationalismus. Religionen und alles Irrationale wurden lächerlich gemacht und als Aberglaube oder psychische Erscheinung verspottet. Als Teenager übernahm ich all dies als wissenschaftliche Grundansichten. Infrage stellte ich diese Weltsicht erst, als mir klar wurde, dass Tiere und Pflanzen mit dieser Einstellung nur noch wie Maschinen betrachtet und behandelt werden.

Objektive Vernunft sollte das Einzige sein, was zählt. Aber das stand in eklatantem Widerspruch zu den Gefühlen, die ich wahrnahm, wenn ich in Experimenten Tiere zerschnitt. Da gab es eine Spannung in mir. Ich studierte Biologie, weil ich Tiere und Pflanzen liebe. Ich hatte immer viele Haustiere bei mir und züchtete verschiedene Pflanzen. Das

Erste, was im Studium passierte, war, dass wir alles, was wir untersuchen wollten, töten mussten: töten, zerlegen, alles durch den Wolf drehen, DNA und Enzyme extrahieren, erst dann konnten wir mit unseren Untersuchungen beginnen. Ich merkte bald, dass das, was mich eigentlich an Biologie interessierte, nämlich das Wunder des Lebens, durch diese Methoden gar nicht erforscht werden konnte. Ich fühlte mit den Tieren, den Hunden, den Mäusen oder auch anderen Tieren, die uns jeden Tag geliefert wurden. Wir unterzogen sie Tests, quälten sie, spritzten ihnen schädliche Substanzen. Am Ende töteten wir sie alle und untersuchten ihre Teile unter dem Mikroskop. Am nächsten Tag kam frischer Nachschub. Ich hielt das einige Zeit durch mit meiner rationalen, materiellen, atheistischen Weltsicht.

Aber irgendwann begann ich, das Ganze infrage zu stellen. Emotional hat es mich einfach zu stark berührt. Dann reiste ich nach Asien. Ich erhielt den Ruf an eine Universität in Malaysia, wo ich mich mit tropischen Pflanzen beschäftigte. Auf dem Weg dahin reiste ich auch durch Indien. Ich lebte und arbeitete nun mit Menschen aus unterschiedlichen Kulturkreisen zusammen: Malaien, Indern, Chinesen, sie waren Hindus, Buddhisten, Christen oder Muslime. Sie alle hatten verschiedene Sichtweisen auf die Welt. Doch in sich waren alle irgendwie schlüssig. Ich lernte, dass man die Welt aus verschiedenen Blickwinkeln betrachten kann, und manche dieser Blickwinkel schienen sogar besser geeignet, mit der Natur und mit anderen Menschen auszukommen als unsere rein rationale westliche Sicht. Das öffnete etwas in mir. Ich wagte nun, meine Scheuklappen abzulegen, weiter zu denken.

Ich studierte Wissenschaftsgeschichte und sah, dass Wissenschaft zu jeder Zeit von einem bestimmten Paradigma beherrscht wird. Das sind gewisse Vorstellungen und Modelle von der Realität. Die Gemeinschaft der in der Wissenschaft Tätigen glaubt meist sehr dogmatisch an diese Weltbilder, bis sie sich durch neue Entdeckungen nicht mehr aufrechterhalten lassen. Dann erkennt man wieder, dass die Grenzen zu eng gesteckt wurden. Für mich ergab sich daraus, dass die Wissenschaft selbst den Blick weiten kann, hin zu mehr Ganzheitlichkeit. Ich fand heraus, dass es auch in der Wissenschaft schon lange Traditionen der ganzheitlichen Forschung gab. Manches davon wurde vor langer Zeit von Leuten wie Goethe inspiriert.

Seither halte ich das für eine meiner wichtigsten Aufgaben: den Weg zu bahnen für eine mehr holistische Sichtweise in der Wissenschaft. Denn eines ist für mich ganz klar: Das Modell der rein materialistischen Weltsicht ist zu eng, zu begrenzt. Es stimmt nicht mit unseren Erfahrungen überein. Es ist zu dogmatisch. Und vor allem funktioniert es auch wissenschaftlich nicht, wenn man lebende Organismen untersuchen möchte.«

Die zunehmende Intellektualisierung und Rationalisierung
bedeutet also nicht eine zunehmende allgemeine Kenntnis
der Lebensbedingungen, unter denen man steht.
Sondern sie bedeutet etwas anderes:
das Wissen davon oder den Glauben daran, dass man,
wenn man nur wollte, es jederzeit erfahren könnte,
dass es also prinzipiell keine geheimnisvollen
unberechenbaren Mächte gebe, die da hineinspielen,

dass man vielmehr alle Dinge –
im Prinzip – durch Berechnen
beherrschen könne.
Das aber bedeutet: die Entzauberung der Welt.
Max Weber

Bis in das 17. Jahrhundert hinein war es auch für die Menschen in Europa selbstverständlich, dass wir Teil einer belebten Welt sind. René Descartes (1596–1650) steht mit seinem Namen für den Bruch mit dieser Weltsicht. Er lebte und wirkte in einer Zeit, in der sich die Menschen in Europa auf den Weg machten, die Welt zu verstehen. Wir sprechen heute vom Zeitalter der Aufklärung. Die Menschen begannen, die dogmatischen Fesseln abzustreifen, mit denen vor allem die Religion das Leben einengte, und sie wagten, selbst zu denken. Man wollte sich nicht mehr an Autoritäten und vorgegebenen Dogmen orientieren. Mit neuen Methoden begannen Männer der Wissenschaft, den Dingen auf den Grund zu gehen, die Welt zu analysieren und ihre Erkenntnisse für praktische Zwecke im Alltag zu nutzen.

So war auch René Descartes davon überzeugt: »… dass es möglich ist, Erkenntnisse zu erlangen, die von großem Nutzen für dieses Leben sein werden; und dass wir anstelle einer spekulativen Philosophie, wie sie heute an den Schulen gelehrt wird, eine praktische finden können, durch die wir, indem wir das Wesen und Verhalten von Feuer, Wasser, Luft, Sternen des Himmels und all der anderen uns umgebenden Körper so verstehen, wie heute die verschiedenen Fertigkeiten unserer Handwerker diese Eigenschaften für all die Zwecke anwenden können, für die sie sich eignen, uns zu Herrschern und Besitzern der Natur machen.« Er schreibt dies 1637 in seinem Aufsatz »*Abhandlungen über die Methode des richtigen Vernunftgebrauchs und der wissenschaftlichen Wahrheitsforschung*«.

»Wissen ist Macht«, formulierte einige Jahre zuvor bereits der englische Philosoph Francis Bacon (1561–1626). Ziel aller Wissenschaft waren auch für ihn die Kontrolle und die Beherrschung der Natur. Ob wir uns dessen bewusst sind oder nicht, bis heute treibt diese Vision unsere Wissenschaften an. Wir sehen uns in einem ständigen Kampf gegen die Natur, die uns und unsere Kulturen durch allerlei Unwägbarkeiten bedroht: Erdbeben, Tsunamis, Vulkanausbrüche, Fluten, Dürren oder Kometen aus dem All.

Wissenschaft weckte die Hoffnung, unser Schicksal als Menschen selbst zu bestimmen, unabhängig von Göttern und Dämonen. Die großen Erfolge, die Wissenschaft und Technik erzielt haben, ermutigen uns nach wie vor zu dem Glauben, dass Wissenschaftler auch Antworten für die Probleme der Zukunft finden werden, indem sie die Gesetze des Lebens und des Universums entdecken. Wie eine durch Wissenschaft und Technik gezähmte Welt aussehen könnte, ist dabei in zahlreichen Science-Fiction-Romanen anschaulich beschrieben: Es ist eine chromblitzende, technisierte Welt, vom Menschen beherrscht und gestaltet. Die lebendige Natur, das unkontrolliert Wuchernde, kommt darin nicht mehr vor.

»Der Materialismus gerät in den Wissenschaften immer mehr in eine Art von Kreditklemme«, meint Rupert Sheldrake. »Materialismus basiert auf der Doktrin, dass wir alles auf kleinste Materieteilchen und die Naturgesetze, die zwischen ihnen wirken, zurückführen können. Viele Biologen gingen davon aus, dass man letztendlich auch Leben anhand von Genen, Proteinen und anderen Molekülen erklären kann. Aber das ist falsch. Man kann die Form eines Organismus nicht allein dadurch vorhersagen, dass man sein Genom entschlüsselt. Viele hatten an diese Möglichkeit geglaubt. Jetzt zeigt sich, wir haben das menschliche Genom entschlüsselt und finden doch keine Antworten. Manche sagen nun: ›Wir brauchen noch etwas Zeit. In Zukunft wird das gehen.‹ Aber das ist die ganze Basis des Materialismus seit Jahrhunderten: Man verspricht für die Zukunft Erklärungen, die nicht existieren. Der Materialismus gründet nicht auf Beweisen, sondern auf einem Glauben. Dieser Glaube überzeugt nun aber immer weniger. Das ist vergleichbar mit der Kreditklemme im Bankensystem. Hier baut alles auf dem Glauben auf, dass die Leute irgendwann die Schulden zurückzahlen können, die sie angehäuft haben. Sobald man erkennt, dass diese Schulden niemals zurückbezahlt werden, bricht das ganze System zusammen. Ich denke, wir werden bald auch einen Kollaps der materiellen Weltsicht erleben.«

Das 17. Jahrhundert, in dem Denker wie Descartes und Bacon ihr neues Weltbild etablierten, war geprägt von großen Umbrüchen und großer Unsicherheit: die endlosen Kämpfe während des Dreißigjährigen Krieges (1618–1648), der Hunger und die Pestepidemien, die ihn begleiteten, verwüsteten und entvölkerten ganze Landstriche in Europa. Ein Jahrhundert zuvor hatten Luther und seine Reformationsbewegung die Spaltung der christlichen Kirche eingeleitet. Neue wissenschaftliche Entdeckungen durch Forscher wie Kopernikus, Keppler und Galilei erschütterten das mittelalterliche Weltbild: Sie katapultierten Erde und Mensch aus dem Zentrum des Universums, zerstörten das vertraute Bild von den himmlischen Sphären, die die Erde umgeben und über denen das Reich Gottes thront, und öffneten uns die Augen für die gesetzmäßigen Bewegungen in den Weiten des Kosmos.

Descartes' erklärtes Ziel in diesen unruhigen Zeiten war es, »festen Halt für etwas Unerschütterliches und Bleibendes in den Wissenschaften« zu finden, wie er in seinen Meditationen schreibt. Er war auf der Suche nach einem sicheren Fundament des Wissens. Sein Weg dahin war der »methodische Zweifel«: »Zu Anfang war es nötig, das, was ich bisher zu wissen glaubte, in Zweifel zu ziehen«, schreibt er. In seiner teilweise autobiographischen Beschreibung, in der sich das Denken seiner Zeit spiegelt, erzählt Descartes, wie nutzlos er die altertümliche Gelehrsamkeit empfindet: »Ich genoss die beste Erziehung, die Frankreich zu bieten hat, aber dennoch lernte ich nichts, was ich als gewiss bezeichnen konnte. Was die Meinungen anbetraf, die ich von meiner Geburt an empfangen hatte, blieb mir nichts Besseres zu tun, als sie ein für alle Mal zu verwerfen.«

Descartes kam zu der Einsicht, dass sich alle damaligen Wissenschaften auf schwankendem Boden befanden: »Meine ganze Absicht war es, größere Gewissheit zu erlangen und die lose Erde und den Sand zugunsten von Fels und Lehm abzulehnen.« Doch im Laufe seiner Forschungen erkannte er: Es gibt überhaupt nichts, dessen man gewiss sein konnte. Er kam schließlich zu dem Schluss, dass er sich nur eines sicher sein konnte: »… dass ich existiere. Denn selbst, falls ich getäuscht werde, gibt es augenscheinlich ein ›Ich‹ das getäuscht wird«, meinte er. Und seine fundamentale Gewissheit, dass dieses »Ich« existiert, formulierte er mit seinem berühmten Diktum: »*Cogito ergo sum.*« – »Ich denke, also bin ich.« Darauf aufbauend wird für Descartes und seine Nachfolger das logische Denken identisch mit dem Sein.

In einer traumartigen Vision vom 10. November 1619 sah Descartes das gesamte Universum als ein mathematisches System, letztlich als eine gewaltige mechanische Maschine – alles war berechenbar. Die Wissenschaft, folgerte Descartes, müsse zu einer universellen Mathematik werden; Zahlen seien der einzige Beweis für sicheres Wissen. Descartes legte mit diesem Gedankengebäude die Grundlagen für das Weltbild, das bis heute die Naturwissenschaften und unser aller Leben bestimmt.

Ich denke, also bin ich.
René Descartes

»Ich habe mich eingehend mit dieser Entwicklung beschäftigt und auch ein Buch darüber geschrieben, auf Deutsch erschien es unter dem Titel *Der Wissenschaftswahn*«, sagt Rupert Sheldrake. »Die Pioniere der mechanistischen Naturwissenschaft glaubten, sie seien auf dem Weg zu einem neuen Verständnis der Beziehung zwischen Gott und Natur. Sie dachten, der Mensch nähere sich nun allmählich einer gottgleichen mathematischen Allwissenheit an, die ihn über die Beschränkungen des menschlichen Geistes und Körpers erheben würde. Galileo Galilei drückte es so aus: ›Wenn Gott die Welt hervorbringt, so bringt er einen durch und durch mathematischen Bau hervor, der den Gesetzen der Zahl, der geometrischen Figur und der quantitativen Funktion gehorcht. Die Natur ist ein verkörpertes mathematisches System.‹ Es gab jedoch ein Problem: Unsere Erfahrung ist in der Regel nicht mathematischer Art. Wir schmecken Speisen, ärgern uns, freuen uns an der Schönheit der Natur. Es ist ein sinnliches Erleben. Um das Primat der Mathematik durchzusetzen, mussten Galilei und seine Nachfolger zwischen mathematisch erfassbaren ›primären Qualitäten‹ wie Bewegung, Größe, Gewicht und rein ›subjektiven Qualitäten‹ wie etwa Farbe und Geruch unterscheiden. Die reale Welt sahen sie als objektiv, quantifizierbar und mathematisch. Persönliche Erfahrungen, und dazu zählt auch die Intuition, galten nun als subjektiv, als das Reich der Meinungen und Einbildungen, als nicht zur Wissenschaft gehörig.«

René Descartes wurde zum Hauptvertreter dieser mechanischen oder mechanistischen Naturphilosophie:

»Descartes führte die Mechanismusmetapher noch viel weiter als Galilei und dehnte sie auf das Reich des Lebendigen aus«, erläutert Rupert Sheldrake. »Ihn faszinierten die Maschinen seiner Zeit, etwa Uhren, Webstühle oder Pumpen. Und er begann zum Beispiel auch, den Herzschlag eines Tieres, seine Verdauung, seine Atmung als programmierte Mechanismen zu sehen. Und die gleichen Prinzipien galten natürlich auch für den menschlichen Körper. Descartes sah Tiere und auch menschliche Körper schließlich wie kunstvoll gearbeitete Maschinen. Das war ein radikaler Bruch mit dem bis dahin herrschenden Weltbild. Bis zum 17. Jahrhundert waren die Gelehrten und Theologen ganz selbstverständlich davon ausgegangen, dass die Welt lebendig ist, durchdrungen vom Geist Gottes, dem göttlichen Lebensatem. Alles war beseelt, Pflanzen, Tiere und Menschen. Die Sterne, die Planeten und die Erde selbst waren Lebewesen von engelhaften Intelligenzen begleitet.

Die mechanistische Naturwissenschaft lehnte solche Lehren ab und trieb der Natur die Seele aus. Die materielle Welt wurde buchstäblich leblos, eine seelenlose Maschine. Materie war ohne Bestimmung und Bewusstsein, Planeten und Sterne waren tot. Im gesamten stofflichen Universum war das einzig Nicht-Mechanische der menschliche Geist. Er war selbst immateriell und gehörte wie die Engel und Gott der spirituellen Sphäre an.«

Mit diesem neuen Weltbild arrangierten sich schließlich, wie Sheldrake meint, sogar die Kirchen:

»Nach anfänglichen Reibereien – am bekanntesten dürfte der 1633 von der Kirche gegen Galilei geführte Prozess sein – gingen Naturwissenschaft und Christentum im gegenseitigen Einvernehmen ihre getrennten Wege. Das stoffliche Universum – Sterne, Planeten, Tiere und auch der menschliche Körper – war die Domäne der Naturwissenschaft. Alles Übrige, Gott, Engel, Geister und die menschliche Seele, blieb der Religion.

Vor der mechanistischen Revolution existierten drei Betrachtungsebenen: Körper, Geist und Seele. Körper und Seele wurden der Natur zugeschrieben, der Geist war immateriell. In der christlichen Theologie galt dabei, dass der menschliche Geist, die rationale Seele, für den Geist Gottes empfänglich war. Das könnte man auch mit direkter Intuition beschreiben.

Nach der mechanistischen Revolution gab es nur noch zwei Betrachtungsebenen: Körper und Geist. Die Seele wurde aus der Natur entfernt, und es blieb nur noch der Geist des Menschen. Das führte auch zur Trennung des Menschen von allen Tieren, die zu unbelebten Maschinen wurden. Die rationale Seele des Menschen wurde nun wie ein immaterieller Geist in der Maschine des Körpers gesehen. Im letzten Schritt der mechanistischen Revolution wurden die zwei verbliebenen Betrachtungsebenen auf eine reduziert: statt der Dualität von Materie und Geist gab es jetzt nur noch Materie. Das ist die Philosophie des Materialismus, die seit der zweiten Hälfte des 19. Jahrhunderts das naturwissenschaftliche Denken beherrscht.

Selbst in unserer Zeit stellen sich viele Wissenschaftler die Welt und das ganze Universum noch als Maschine vor, noch dazu als eine ablaufende Maschine. Das folgt aus dem 1855 formulierten zweiten Hauptsatz der Thermodynamik. Am Ende steht, so drückt es Lord Kelvin damals aus: ›Ein Zustand von universaler Ruhe und Tod‹. Es gab aber immer, auch damals, andere Denker, die sehr skeptisch waren gegenüber dieser Wahrnehmung der Welt als Maschine. Der Philosoph David Hume (1711–1776) schrieb bereits: ›Die Welt ähnelt ganz einfach eher einem Tier oder Gemüse als einer Uhr oder einem Strickrahmen.‹

Ich bewundere David Humes Weitsicht. Heute erkennt man mehr und mehr, dass die Maschinenmetapher ihre Nützlichkeit längst eingebüßt hat. Sie behindert auch das wissenschaftliche Denken. Ich bin überzeugt, langsam erkennt man auch in den Wissenschaften, dass unser wachsendes, sich entwickelndes Universum viel mehr einem Organismus ähnelt als einer Maschine. Das gilt auch für unsere Erde, für Pflanzen, Tiere und für Sie und mich.«

Die Natur arbeitet in stetigen Kreisläufen,
erzeugt Flüssiges aus Festem und Festes aus Flüssigem;
Stabiles aus dem Flüchtigen und Flüchtiges aus Stabilem;
das Feine aus dem Groben und das Grobe aus dem Feinen;
Dinge, die aufsteigen und zu den Säften
im oberen Bereich der Erde werden,
zu Flüssen und dann zur Atmosphäre,
und in der Folge andere,
die als Ausgleich hierzu hinabsteigen.

ISAAC NEWTON

»War nicht so schlau, was wir seit dieser Zeit gemacht haben«, meint der Hirnforscher Professor Dr. Gerald Hüther. »Wir haben uns das Denken des Maschinenzeitalters zu eigen gemacht und haben uns selbst am Ende als Maschinen begriffen. In den Kontext gehört es, dass wir das Denken vom Fühlen, das Fühlen vom Handeln, den Kopf vom Körper immer tapfer abgetrennt haben. Das ist zweckmäßig für einen, der selbst gerne eine Maschine wäre. Jetzt merken wir inzwischen, dass das nicht so toll ist, weil Menschen, die wie Maschinen funktionieren, kein Gewissen haben. Die tun alles. Maschinen sind nicht miteinander verbunden, so wie Menschen miteinander verbunden und voneinander abhängig sind. Maschinen müssen nicht aufeinander Rücksicht nehmen. Maschinen müssen sich auch selbst nicht immer wieder neu erfinden, wie das unseren Kindern immer wieder gelingt.«

Wir trafen Gerald Hüther an der Psychiatrischen Universitätsklinik Göttingen. Hier leitet er die Zentralstelle für Neurobiologische Präventionsforschung. Er ist außerdem Präsident der Sinn-Stiftung und Autor zahlreicher Bestseller.

»Wir haben geglaubt, dass wir mit dem Verstand alles in dieser Welt regeln können. Vergessen haben wir, dass der Verstand sehr schwer in der Lage ist, allein unseren eigenen Körper und die Gefühle zu regulieren, und deshalb haben wir diese wunderbare Ressource, Gefühle und Körperreaktionen, nicht haben wollen. Nun muss man das alles im Kontext betrachten. Wir kommen aus dem Maschinenzeitalter, und da war es nun mal so, wenn man solche seelenlosen Maschinen bedienen sollte, dass es nicht hilfreich war, wenn man Eigengefühle mit einbrachte. Und das gilt bis heute: Wenn ich Maschinen bedienen muss, muss ich selber wie eine Maschine funktionieren. Das ist das, was wir im letzten Jahrhundert zum Überdruss und Überfluss geübt haben – uns selbst wie Maschinen zu betrachten. Das geht bis in die Sprache hinein. Wir sagen: Das Herz ist die Pumpe, die geht nicht mehr richtig, die muss auseinandergenommen und ein Ersatzteil eingebaut werden, die Gelenke müssen geschmiert werden, und was es sonst noch für Maschinenbegriffe gibt, die wir auf unseren eigenen Körper übertragen. Das Hirn ist der Computer. Das ist alles nicht hilfreich.«

Ursprünglich kommt die Maschinenmetapher für den Menschen doch aus den Labors der Wissenschaftler. Beginnt man dort jetzt die Intuition wiederzuentdecken?

»Ich bin auch Naturwissenschaftler und habe sehr viel Zeit meines Lebens in diesen Labors zugebracht und mache das auch immer noch gerne. Das ist eine wunderbare Tätigkeit, man kann schöne Dinge entdecken, aber mit Intuition hat das nichts zu tun. Intuition ist für mich das Wiederfinden eines Potenzials, das in uns allen angelegt ist und das wir in der heutigen Zeit so dringend brauchen wie niemals zuvor. Meiner Ansicht nach sind wir jetzt an einer Zeitenwende angekommen, in der das wieder ein Thema wird. Man spürt, dass Menschen immer stärker das Bedürfnis haben, aus dieser Außenorientiertheit herauszukommen und sich selbst wiederzufinden. Dazu gehört auch, dass Intuitionen wieder eine viel größere Rolle spielen werden. Im Maschinenzeitalter waren Intuitionen das Letzte, was man brauchen konnte. In einem Potenzialentfaltungszeitalter ist die Intuition das Größte, was man einsetzen kann, was man nutzen kann, um Lösungen zu finden, die das Maschinenzeitalter unterdrückt hat. Wir benötigen ganz dringend eine Kultur, in der wir uns gegenseitig Mut machen und uns gegenseitig inspirieren. Es geht darum, die Potenziale zu entfalten, die in uns drin sind. Und das ist immer viel, viel mehr, als wir denken.«

Was kann die Hirnforschung dazu beitragen?

»Ich denke, wir sind noch ganz am Anfang von dem, was die eigentliche Bedeutung moderner Hirnforschung einmal werden wird. Wir betreiben Hirnforschung aus vielen Gründen: Wir können, wenn wir mehr über das Hirn wissen, bessere Tabletten entwickeln; wir können Chips für unsere Köpfe bauen und damit vielleicht Menschen noch besser manipulieren als bisher – das ist sicherlich alles richtig. Aber eines ist genauso unvermeidlich als Nebenprodukt dieser Hirnforschung: Wir erfahren immer mehr über uns selbst. Die Hirnforschung ist eine wissenschaftliche Disziplin, die uns wie keine andere in die Selbsterkenntnis führt und das mit objektiven naturwissenschaftlichen Verfahren. Hirnforschung ist meiner Meinung nach das am besten geeignete Instrument, um dieses Kunststück fertigzubringen, ein Kunststück, das wir alle brauchen, wenn wir diese Transformation schaffen wollen aus dem Maschinenzeitalter heraus in eine Zeit, in der sich Menschen möglicherweise wieder weniger wie Maschinen verstehen. Es geht darum, sich selbst wiederzufinden, wieder in sich selbst hineinzuschauen, sich selbst zu erkennen. Das ist das Schöne an dieser Hirnforschung. Das kann keine andere Disziplin so schön darstellen:

Zu jeder Zeit unseres Lebens könnte mehr aus uns werden, als dann tatsächlich aus uns wird. Am Anfang, wenn die Kinder noch klein sind und die Hirnentwicklung gerade so richtig losgeht, gibt es keine vorgeformten Netzwerke. Die Natur stellt Riesenüberschüsse her. Es wird zu viel an Vernetzungsoptionen bereitgestellt. Wenn bei einem Kind das Sprachzentrum erblüht, passen locker drei Muttersprachen rein, so viel wird da bereitgestellt. Das gilt auch für die Zentren, die für die Bewegungskoordination zuständig sind, dort würde auch viel mehr reinpassen. Wenn Contergan-Geschädigte zum Beispiel keine Arme haben, dann sieht man, was mit Beinen möglich ist. Das wird durch das Hirn gelenkt. Da ist immer viel mehr drin. Jemand, der blind geworden ist, wird einen enorm sensiblen Tastsinn und räumlichen Orientierungssinn entwickeln, etwas, was wir Sehenden nicht haben.

Aber wir erkennen in unserer Forschung auch, dass wir

gerade dabei sind, Potenziale zu verlieren. Das sind Prozesse, die aus der Engführung kommen, die im Maschinenzeitalter begonnen hat. Irgendwann werden die Menschen dann so eng, dass sie gar kein Potenzial mehr haben. Deshalb ist es unbedingt erforderlich, dass man gesellschaftliche Bildungsstrategien und wirtschaftliche Strategien findet, damit das Potenzial der Menschen wieder in die Breite geht, und sie all das entwickeln können, was im Augenblick in unserer so stark funktionalisierten Welt nicht entwickelt werden kann. Wenn ich Menschen durch Schulsysteme bringe und in Arbeitsverhältnisse setze, in denen sie sich wie Objekte erleben, da erzeuge ich in ihnen Gefühle und Erfahrungen und damit Haltungen, die dazu führen, dass die nicht mehr bei sich sind. Diese Menschen haben dann keinen Bezug mehr zu ihren inneren Kräften. So werden sie eine willfährige Manipuliermasse für Machthaber, für Wirtschafts- oder andere Interessen. Das können wir nicht mehr brauchen in Zukunft. Das ist eine Gefahr für unser demokratisches System und inzwischen auch für unser Wirtschaftssystem.«

Sie sprachen von einer Zeitenwende, die jetzt zu sehen ist. Sieht man sie bereits in den Wissenschaften?

»In der Wissenschaft vielleicht noch nicht so deutlich. Aber wo man es definitiv sieht, das ist ein Bereich, in dem man es vielleicht gar nicht erwarten würde: die Wirtschaft. Mit der Ideologie des Maschinenzeitalters, mit dem ständigen Bemühen, noch effizienter zu arbeiten, die Prozesse noch glatter zu machen, die Mitarbeiter noch mehr zu gängeln – mit alldem ist man in der Wirtschaft jetzt an einem Punkt angekommen, wo etwas verschwunden ist, was speziell hier in Deutschland ursprünglich ein ganz großer Schatz war, mit dem wir unsere Wirtschaft und unser gesellschaftliches System aufgebaut haben. Das war Innovationsgeist.

Jetzt kommen plötzlich die Firmen und sagen: Der Innovationsgeist ist weg. Wir brauchen mehr Innovation, wir brauchen mehr Kreativität. Und sie stellen fest, dass das mit den Mitarbeitern, die sie so zugerichtet haben – in der Hoffnung, alles effizienter zu machen – nicht umsetzbar ist: Aufgrund der Erfahrung, die diese Mitarbeiter machten, als sie immer nur gegängelt wurden, haben diese eine Haltung angenommen, die sich in ihrer Einstellung gegenüber der Arbeit und gegenüber dem Betrieb widerspiegelt. Sie haben die Erfahrung gemacht: ›Auf mich kommt es hier nicht an‹ oder ›Ich werde sowieso nur ausgenutzt‹, und jetzt wartet man nur noch, bis Feierabend ist. Auf diese Weise ist Schluss mit Kreativität. Man bringt sich nicht mehr ein in das Betriebsleben. Man funktioniert nur noch, wie es vorgeschrieben ist. Man versucht, aus den Zwängen herauszukommen und das Maximale für sich mitzunehmen, aber das war es dann auch. Mit diesen Mitarbeitern kann eine moderne Wirtschaft nicht mehr existieren. Speziell in einem Land, in dem der eigentliche Reichtum die Gestaltungslust und die Entdeckerfreude der Menschen sind. Das sind die wichtigsten Ressourcen, die wir besitzen, und die haben wir durch allzu gründliches Umsetzen des Effizienzprinzips verkümmern lassen.

Jetzt kommen die Betriebe und sagen: ›Wir hätten gerne mehr Innovationskraft.‹ Doch die kommt nicht von alleine, die fällt nicht vom Himmel. Dafür muss man was tun, und zwar genau das Gegenteil von dem, was man bisher getan hat: Jetzt müsste man die Mitarbeiter einladen, sie ermutigen, sie inspirieren, sich noch mal einzubringen, noch mal die Erfahrung zu machen, dass sie vielleicht doch mit ihren Vorschlägen gehört werden, mit ihren Ideen im Betrieb was bewirken können.

Wenn man solche Mitarbeiter haben will, Mitarbeiter, die zu so etwas in der Lage sind, dann braucht man Führungskräfte, die ihrerseits dazu in der Lage sind, Mitarbeiter einzuladen, zu ermutigen und zu inspirieren, und jetzt ahnen Sie, wo das Problem steckt: Eine Führungskraft, die jemanden einladen will, kann die betreffende Person nicht als Objekt behandeln, wie eine Zinnfigur, die einmal hierhin und einmal dorthin gesetzt wird, und die man, wenn man sie nicht mehr braucht, in die Arbeitslosigkeit schickt. Jetzt bräuchte diese Führungskraft eine Beziehung zu den Menschen, müsste sich mit den Mitarbeitern verbunden fühlen, sonst geht die Einladung nicht. Nur jemanden, den ich mag, kann ich auch einladen. Der zweite Punkt, neben dem Einladen, ist das Ermutigen. Ermutigen können Führungskräfte nur dann, wenn sie selbst Mut haben. Jemand, der von der Angst besessen ist, dass er etwas falsch macht, wird niemals andere ermutigen können. Und wenn man inspirieren will, muss man selbst inspiriert sein. Dann muss es in einem selbst kribbeln. Dann muss man selbst von irgendwas begeistert sein, sonst kann ich niemals jemanden einladen, sich für irgendwas zu begeistern. Begeisterung ist etwas, was überspringt, wie ein Funke. Und wenn man nichts hat, kann auch nichts überspringen. Das gilt genauso für Eltern und Lehrer.«

Welche Erfahrungen haben Gerald Hüther selbst auf seinen Lebensweg gebracht?

»Bei mir ist das Leben eigentlich schon immer sehr eng mit Naturerfahrungen verknüpft gewesen. Das ist sicher bei jedem Menschen anders, aber ich habe meine schönsten, nachhaltigsten und wichtigsten Erfahrungen in der Natur gemacht, schon als kleines Kind. Deshalb gibt es für mich nichts Schöneres, als mich unter einen Baum zu setzen und den Vögeln zuzuhören, und manchmal kann man sogar hören, wie es wächst und wie die Insekten summen, und in dieser Verbundenheit entsteht ein Gefühl, als ob ich ein Teil dieses Baumes wäre. Dann kann ich intuitiv spüren, dass ich zu diesem Baum dazugehöre. Nicht nur zu diesem einen Baum, sondern dass ich verbunden bin mit allem, was lebendig ist auf dieser Welt. Alles lebt und will wachsen. Da komme ich sehr nah ran an dieses Grundgefühl, das Albert Schweitzer so schön beschrieben hat: ›Ehrfurcht vor dem Leben‹. Diese Ehrfurcht ist uns leider in unserer gegenwärtigen Welt so katastrophal abhandengekommen. Da werden uns zukünftige Generationen sehr fragend anschauen, wie das sein konnte, dass Menschen den Kontakt zu dem, was sie für ihre eigene Entwicklung und für ihre Potenzialentwicklung brauchen, wie sie das so dramatisch in so kurzer Zeit haben verlieren können.«

Die Wirklichkeit ist das, was wir für wahr halten.
Was wir für wahr halten, ist das, was wir glauben.
Was wir glauben, beeinflusst unsere Wahrnehmung.
Was wir wahrnehmen, hängt eng damit zusammen,
wonach wir suchen.
Was wir suchen, hängt davon ab, was wir denken.
DAVID BOHM

Seit der Entdeckung und den Erfolgen der Quantenphysik in den letzten 100 Jahren wird das mechanistische Weltbild jedoch auch in der Wissenschaft immer mehr angezweifelt:

»Moderne Physik ist eine ganzheitliche, eine holistische Betrachtung der Wirklichkeit. Quantenphysik ist eigentlich ein total falscher Name«, sagt Professor Hans-Peter Dürr. »Bei ›Quantum‹ denke ich an Teile, die ich begreifen kann. Aber damit hat moderne Physik eigentlich nichts zu tun. Die Wirklichkeit in der modernen Physik ist holistisch. Im Zentrum steht das, was wirkt, und nicht das, was ich greifen kann. Was aber fange ich mit dieser holistischen Betrachtung an?

Da gibt es einmal die Möglichkeit, die Welt einfach wahrzunehmen, wie sie ist, passiv, ohne einzugreifen, einfach da sein, erleben, erkennen. Das ist die östliche Tradition der Betrachtung der Wirklichkeit. In der Meditation lasse ich mich auf das Holistische ein. Wir in der westlichen Tradition sagen: ›Das reicht uns nicht aus!‹ Wir sind in dieser Welt, um zu handeln. Und um handlungsfähig zu werden, müssen wir die Welt zerstückeln. Ich muss das, was ich begreifen will, isolieren, und das ist es, was wir in unserer westlichen Wissenschaftstradition machen. Der Wissenschaftler sagt sogar: ›Meine Faust ist noch zu grob, ich bin noch besser, wenn ich Instrumente nehme, um noch weiter zu zerkleinern.‹ Wir reduzieren die Wirklichkeit auf eine Realität, auf eine Welt der Dinge. Ein Ding kann ich anfassen und manipulieren. Die Realität ist der Teil der Welt, den wir als Menschen wahrnehmen und den wir mit unserer Sprache benennen können. Dann verliere ich aber den Kontext und dann verstehe ich den Zusammenhang nicht mehr. Das ist ein eingeschränkter Bereich, der sehr viel weglässt. Um etwas Holistisches in unsere Handlungswelt zu übertragen, dazu brauchen wir die Intuition. Das ist ein ganzheitliches Erfassen. Als Menschen haben wir beide Fähigkeiten. Wir können die Details studieren und wir können den Zusammenhang erkennen.

Wenn ich wissenschaftlich exakt beschreiben will, muss ich isolieren. Dann gehe ich ein auf Details, bin bemüht um Exaktheit und klare Sprache. Wenn man die Wirklichkeit dagegen ganzheitlich betrachtet, dann kann man das nur sehr schwer in klare Worte fassen. Man versucht oft, das Ganzheitliche durch Zusammensetzen von als exakt angesehenen Dingen zu konstruieren. Aber am Schluss ertrinkt man dabei in Kompliziertheit. Das Holistische an sich ist nicht kompliziert, sondern komplex. Aber wenn man es zu formulieren versucht, dann muss man etwas zum Ausdruck bringen, was sich eigentlich überhaupt nicht in Teile auflösen lässt. Aber wie bringe ich es wieder zusammen? Gewöhnlich meinen wir: Ich nehme die Summe aller Details. Aber wir wissen heute: Das Ganze ist mehr als die Summe seiner Teile. Was heißt das? Wenn wir zum Beispiel vom ›Wald‹ sprechen, dann ist das eigentlich eine holistische Betrachtung. Ein Wald ist mehr als die Summe der Bäume. Der wissenschaftliche Ansatz wäre dann: Ich sehe mir den Wald an, nehme alle Bäume heraus und frage: Was bleibt übrig? – Dann kommt man zur Antwort: Nichts. Wenn die Bäume raus sind, dann ist auch das Dazwischen weg. Und für den holistischen Ansatz ist eigentlich das Dazwischen, das Verbindende, die Wechselwirkung, die sich zum Beispiel auch im Wald überall zeigt, das Entscheidende.«

Wenn das rationale Analysieren zu keinem Verständnis für den holistischen, ganzheitlichen Aspekt der Wirklichkeit führt, wie können wir dann den großen Zusammenhang überhaupt erkennen?

»An das Holistische muss ich eher gefühlsmäßig herangehen. Dann sage ich: Ich empfinde das als schön und wahr. Dann spreche ich von lieben und leben. Aus dieser Ebene bekommen wir Orientierung. Wir können immer umschalten, von einer Betrachtung in die andere. Ich kann mich immer wieder auf einen Punkt konzentrieren und dann wieder den Zusammenhang betrachten. Das ist wie bei einem Maler, der sich mit seinem Pinsel auf einen Punkt konzentriert. Aus der Nähe betrachtet erscheint das Bild wie eine Ansammlung verschiedener bunter Punkte. Aber dann braucht der Künstler auch immer wieder den Zusammenhang. Dann legt er den Pinsel weg, geht ein paar Schritte zurück und betrachtet das ganze Bild. Und dann erkennt er vielleicht: ›Aaah, das sieht nicht gut aus.‹ Oder: ›Das ist schön.‹ So pendeln wir hin und her, vom Greifbaren zum Holistischen. Und für mich ist Intuition dieser Übergang vom Greifbaren zum Holistischen. Die Intuition ist wie das ›Aaah‹ des Künstlers beim Betrachten des ganzen Bildes. Ich kann nicht genau ausdrücken, was alles in diesem ›Aaah‹ steckt, aber als Maler kann ich jetzt an dem Bild weitermalen, als Musiker kann ich an einer Melodie weiterarbeiten, als Mathematiker schreibe ich vielleicht eine Formel auf, die mir dazu einfällt.«

Über 99 Prozent der Menschheitsgeschichte war verzaubert,
und der Mensch sah sich selbst
als einen dazugehörigen Teil.
Die völlige Umkehrung dieser Vorstellung in nur 400 Jahren
hat die Kontinuität der menschlichen Erfahrung und
die Integrität der menschlichen Psyche zerstört.
Sie hat ebenfalls beinahe den Planeten vernichtet.
Mir scheint, dass die einzige Hoffnung
in einer Wiederverzauberung der Welt liegt.

MORRIS BERMAN

Die Quellen der Intuition

Wenn ihr ungeboren seid,
seid ihr an der Quelle aller Dinge.

BANKEI EITAKU

»Leben will immer fließen. Wenn ich aber Leben kontrollieren will, dann stockt es«, sagt Pater Anselm Grün. »Die Intuition führt an die Quelle des Lebens, sodass es wieder ins Fließen kommt. Insofern ist es ein wesentlicher Weg, an die alten Kräfte heranzukommen, an die eigenen Quellen. Plötzlich ist es nicht nur die Quelle meiner Seele, sondern letztlich auch die Quelle des Heiligen Geistes, die geschenkt ist von Gott und die unerschöpflich ist.«

In der Benediktinerabtei Münsterschwarzach war auch Pater Willigis Jäger viele Jahrzehnte zu Hause. 1946 trat er in die Abtei ein, wirkte nach seinem Philosophie- und Theologiestudium und der Priesterweihe als Präfekt und Lehrer im Internat. Er wurde Referent für Mission und Entwicklung und gründete die Päpstliche Missio. Ende der 1960er-Jahre kam er in Japan in Kontakt mit Zen und wurde ein Schüler des Zen-Meisters Yamada Ko-Un Roshi. Sechs Jahre lebte Willigis Jäger in Japan. Er erhielt die Lehrerlaubnis für Zen und baute in der Abtei Münsterschwarzach das Meditationszentrum St. Benedikt auf.

»Viele spirituell interessierte Menschen suchen heute

Weisung für ihren inneren Weg bei nichtchristlichen Religionen. Sie wissen nicht, dass das, was sie suchen, auch in christlichen Quellen zu finden ist, nämlich in der reichen Überlieferung der abendländischen Mystik«, erklärt Pater Willigis Jäger. »Die Wurzeln der christlich-mystischen Tradition reichen zurück bis in die frühe Zeit der Mönchsväter, und diese Tradition hatte ihre Blüte und große Verbreitung insbesondere im Mittelalter. Der klassische christliche Weg ist der der Kontemplation. Die Sehnsucht, das zu Glaubende auch selbst zu erfahren, wird auch unter Christen immer stärker. Viele Suchende wenden sich aber östlichen Praktiken zu, weil der Schatz der christlichen Mystik weitgehend in Vergessenheit geraten ist.«

Die Glaubenskongregation der katholischen Kirche warf Willigis Jäger 2001 vor, Glaubenswahrheiten der persönlichen Erfahrung unterzuordnen, und erteilte ihm ein Rede-, Schreib- und Auftrittsverbot. Das Bischöfliche Ordinariat in Würzburg untersagte ihm die Ausübung jeder öffentlichen Tätigkeit. Willigis Jäger aber beanspruchte weiter für sich das Recht, alte Glaubenswahrheiten für die Gegenwart neu zu deuten. In der Folge bat er darum, von der Abtei Münsterschwarzach exklaustriert zu werden; dabei handelt es sich um eine Art Beurlaubung aus dem Kloster. Willigis Jäger gründete den Benediktushof in Holzkirchen bei Würzburg, ein Zentrum für spirituelle Wege, wo er heute lebt und arbeitet. Willigis Jäger verkörpert eine konfessionsunabhängige zeitgenössische Spiritualität mit dem Ziel, spirituell Suchenden des 21. Jahrhunderts Antworten auf ihre drängenden Fragen zu geben.

Was ist für Pater Willigis Jäger die Quelle der Intuition?

»Es gibt eine Bewusstheit, die keinerlei Strukturen hat, die noch ganz leer ist, die aber viel mächtiger ist als unser Nachdenken, unser Reden, und da kommt die Intuition her. Die Intuition kommt also aus einem Bereich, der keine rationale Einschränkung mehr kennt. Nachdenken ist bereits eine Eingrenzung. Es gibt eine Bewusstheit dahinter. Für mich ist Intuition etwas, das von innen nach außen kommt. In uns ist eine Ebene, die transrational ist, die transpersonal ist, und aus dieser Ebene kommt auch das, was wir ›Intuition‹ nennen. Das hat inzwischen auch die Wissenschaft erkannt, aber allgemein ist diese Erkenntnis noch wenig verbreitet. Unsere Personalität, dass wir ›Ich‹ und ›Du‹ sagen können, das ist eine gewaltige Errungenschaft in der Evolution. Gleichzeitig ist das aber auch eine Eingrenzung. Wir würden im Zen sagen, das ist, wie wenn man mit einem Schilfrohr in den Himmel schaut. Mehr sehe ich nicht von der Wirklichkeit. Das heißt, Personalität, Rationalität, macht uns zu Menschen, und gleichzeitig ist dies eine Eingrenzung. Aus dieser Eingrenzung herauszukommen, das ist unser Bemühen. Es geht darum, auf diese Ebene zu kommen, die Ebene des Transrationalen, des Göttlichen, der Leerheit – wir haben dafür verschiedene Namen. Es ist eine Ebene, die nicht mehr personal ist, und aus dieser Ebene kommt das, was wir Intuition nennen.«

Ist das Denken dabei nur hinderlich?

»Unsere Ratio, die Tatsache, dass wir denken können, ist eine gewaltige Errungenschaft: Was wir erforschen, was wir an technischen Dingen geschaffen haben, all unser Wissen. Gleichzeitig sagt uns die ehrliche Wissenschaft, dass wir im Grunde nichts wissen über diese Welt. Da sind Milliarden von Galaxien, in jeder Galaxie Milliarden von Sternen. Jetzt fragen wir uns: Was sollen diese paar Jahrzehnte, die wir hier in diesem Universum leben? Warum sind wir eigentlich da? Woher kommen wir denn? Wer sind wir eigentlich? Wohin gehen wir? In diesem zeitlosen Universum leben wir ein paar Jahrzehnte und versuchen, uns zu deuten. Und ich behaupte: Es gibt keine wirkliche Deutung, dieses unseres Lebens aus der Rationalität heraus. Wir müssen tiefer forschen. Wir müssen auf einer Ebene forschen, wo wir mehr begreifen von dem, was wir Universum nennen, von dem, was wir Evolution nennen, nicht auf der rationalen Ebene, sondern auf einer Ebene, die viel umfassender ist, die wirklicher ist als alles, was unser ›Ich‹ uns vorspielt.«

Wie kann uns das gelingen?

»Wir müssen wissen, dass wir uns als Spezies entwickelt haben. Aus einem prähominiden Vorbewusstsein haben wir uns in ein magisches Bewusstsein hineinentwickelt. Wir haben versucht, die Welt magisch zu bewältigen. Wir haben uns weiterentwickelt als Menschen in das, was wir die mythische Ebene nennen. Da gab es einen Götterhimmel. Da gab es Götter, die lobten, bestraften, selbst Probleme miteinander hatten. Wir haben uns weiterentwickelt in ein mentales Bewusstsein, mit dem wir jetzt da sind auf dieser Erde. Wir bleiben in diesem mentalen Bewusstsein nicht stehen.

Doch in diesem mentalen Bewusstsein haben wir uns momentan verirrt. Seitdem wir ›Ich‹ und ›Du‹ sagen können, hat Kain den Abel unzählige Male umgebracht. Dieser Mythos hat sich in entsetzlicher Weise ausgebreitet. Wir sind heute eine Spezies, die sich gegenseitig umbringt. Die norwegische Akademie der Wissenschaften hat errechnet: Es gab in den letzten 6500 Jahren 15 Milliarden Tote in Kriegen, in denen Menschen sich gegenseitig umgebracht haben. Allein im letzten Jahrhundert waren es 100 Millionen Menschen, die sich gegenseitig umgebracht haben. Das heißt, wir müssen aus dieser rationalen Eingrenzung, aus dieser Egozentrierung heraus. Wir sind entsetzlich in unserem Ego verhaftet, und alles, was wir negativ erleben in dieser Welt, kommt aus dieser Egozentrik heraus. Ob wir in die Finanzwelt gehen, ob wir die Länder vergleichen, ob wir die Parteien vergleichen, alles versucht auf dieser egozentrischen Ebene, sich selber darzustellen.«

Was ist der Ausweg?

»Es gibt seit etwa 7000 Jahren weise Menschen, die uns den Weg gezeigt haben aus dieser Egozentrik heraus. Der Ursprung liegt wahrscheinlich in Nordindien, wo Menschen zum ersten Mal durchgebrochen sind auf diese transrationale, transpersonale Ebene. Sie haben andere Menschen gelehrt, und die Botschaft ging weiter über den Himalaja nach China. Sie hat im Taoismus Fuß gefasst. Sie ging weiter nach Korea, nach Japan, auch nach Süden, nach Sri Lanka, und sie kam über die Seidenstraße auch in den Westen, wurde in der Türkei zum Sufismus. Von Alexandrien in Ägypten wurde diese Botschaft von den Wüstenvölkern weitergetragen und findet sich auch in der Lehre Christi wieder: ein Meister Eckhart, ein Johannes vom Kreuz, eine Theresa von Ávila. Die ganze Zen-Botschaft, die wir aus dem Osten jetzt bekommen, das sind eigentlich alles Wege, die versuchen, uns aus der Rationalität herauszuführen, hinein in eine umfassendere Erfahrungsebene, wo wir Wirklichkeit anders begreifen, als unser Verstand das tut. Die Problematik ist nur, das dann darzustellen. Da müssen wir wieder zurück in unsere Sprache. Wir müssen wieder zurück in unsere Terminologie, und da wird es sehr schwierig, diese andere Erfahrung in einem ganz konkreten Raum darzustellen.«

Wie haben Sie selbst dahin gefunden?

»Ich habe als Kind meine erste Erfahrung gemacht, ich war vielleicht sechs Jahre alt. Es war in der Kirche, hinten wurde der Rosenkranz geleiert, vorne brannten viele Kerzen. Da hat es mich zum ersten Mal herausgehoben. Ich wusste damals nicht, wie mir geschieht. Ich wusste nur: Was der Pfarrer da vorne sagt, das ist eine Sache, dahinter gibt es noch eine Ebene der Erfahrung, die ich damals nicht deuten konnte, aber heute weiß ich, dass es eine Ebene ist, die mich aus der Rationalität herausgehoben hat in eine Erfahrung hinein, die ich nur schwer wiedergeben kann. Aber es ist eine Erfahrung, die mir viel mehr Gewissheit gibt über das Leben, über den Sinn dieser Evolution, über den Sinn meines persönlichen Lebens, als mir das mein Verstand sagen kann.

Jetzt geht es wieder darum: Wie soll ich diese Ebene ausdrücken? Ich würde sagen, wir sind als Menschen eingewoben in diese Evolution, wir sind gleichsam eine Welle in diesem Ozean. Dieser Ozean, den ich rational nicht begreife, äußert sich gleichsam in Gestalt der Welle. Das heißt, ich muss begreifen, dass ich nicht nur Welle bin, sondern dass ich auch Ozean bin. Das ist das Ziel der Mystik. Ich kann auch sagen, ich habe erfahren, dass ich nicht nur eine Note bin, sondern, dass ich auch klinge, dass etwas in mir mitschwingt. Gott, würde ich jetzt christlich sagen, will nicht verehrt werden, er will gelebt werden. So, wie ich bin, bin ich eine Inkarnation, eine Manifestation, eine Feier dieses göttlichen Lebens, das ich selber feiere, präsentiert in dieser, meiner Gestalt.«

Das ist nicht unbedingt das, was die offiziellen Religionen lehren.

»Ich habe sechs Jahre in Japan gelebt, in einem buddhistischen Zentrum. Ich weiß, was Buddhismus ist. Ich bin katholischer Theologe. Ich habe mich in Indien umgesehen. Alle Konfessionen führen am Ende auf eine Ebene, die allen gemeinsam ist. Da bin ich Mensch. Da bin ich nicht mehr Japaner oder Amerikaner oder Deutscher. Da bin ich Mensch. Wir alle haben diese menschliche Ebene in uns. Und wenn wir dahin kommen, dann gibt es keine Christen und keine Buddhisten mehr, dann gibt es nur noch das Menschsein. Das ist die Ebene, die wir als Spezies erreichen müssen.«

Und auf dieser Ebene kommt dann auch die Intuition ins Spiel?

»Eine tiefe Erfahrung, wie wir sie eben besprochen haben, bringt natürlich ganz neue Erkenntnisse mit sich, und das könnte ich Intuition nennen. Plötzlich werden mir Zusammenhänge klar, die ich vorher nicht durchschaut habe. Sie werden mir klar, intuitiv, weil ich auf eine Ebene der Einheit, der Verbundenheit, der Liebe gekommen bin. Für mich kommt Intuition aus der Ruhe. Da, wo nichts ist, entsteht das, was ich Intuition nenne. Intuition ist etwas, das aus dieser eigenen Tiefe kommt. Noch viel tiefer, als wir meinen. Für mich ist Intuition nicht im Unterbewusstsein angesiedelt, sondern noch eine Stufe tiefer, in einer Lebensebene, die mein Menschsein eigentlich ausmacht.«

Wenn ihr den Zustand
jenseits des denkenden Geistes erreicht,
wird das Eine,
das ihr in Wirklichkeit seid, erstrahlen.
ANANDAMAYI MA

»Die Quelle von Intuition ist die Natur unseres Geistes«, sagt Jetsunma Tenzin Palmo. »Jetsunma« ist ein Titel im tibetischen Buddhismus und bedeutet so viel wie »Ehrwürdige Meisterin«. Tenzin Palmo ist in London zur Welt gekommen und wuchs mit dem Namen Diane Perry auf. Schon als Kind hatte sie die Intuition, »dass der Mensch vollkommen ist und sich dessen nur wieder bewusst werden muss«. 1964, im Alter von 20 Jahren, beschloss sie nach Indien zu gehen. Dort traf sie Khamtrul Rinpoche, einen hohen Lama der Drukpa-Kagyü-Linie des tibetischen Buddhismus. »Es war, als hätte ich jemanden nach langer Zeit endlich wiedergetroffen«, erklärt Tenzin Palmo. Aber zunächst durchlebte sie eine schwierige Phase, denn die Welt des tibetischen Buddhismus besteht auch aus uralten Strukturen: »Als ich in dem kleinen Kloster im Nordwesten Indiens lebte, musste ich erkennen, dass Nonnen keine Gelegenheit zum Studium bekamen und keinen Zugang zu höheren Erkenntnissen hatten, egal wie intelligent und hingebungsvoll sie auch waren. Das machte mich traurig. Mönche erhielten alle Belehrungen und konnten sich zurückziehen. Nonnen hingegen wurden einfach übersehen und als Dienstboten behandelt.«

Sechs Jahre ging das so. Als sie drauf und dran war, alles aufzugeben, forderte ihr Lehrer sie auf, ihre Studien in einem entlegenen Tal an der tibetischen Grenze fortzusetzen.

Sie suchte Abgeschiedenheit, um sich ganz der Meditation zu widmen. In mehr als 4000 Metern Höhe fand Tenzin Palmo eine Höhle, in der sie schließlich zwölf Jahre verbrachte. Acht Monate im Jahr umgaben sie Eis und Schnee. Sie hatte wenig bis nichts zu essen und selten Kontakt mit anderen Menschen. Ihre Höhle verschloss eine Wand aus Lehm mit Tür und Fenster. Es gab kein Bad, nicht einmal ein Bett. Tenzin Palmo schlief, meist nur drei Stunden pro Nacht, sitzend in einer Meditationsbox. In den zwölf Jahren hat sie sich nie hingelegt. Mit strenger Disziplin übte sie Versenkung nach innen. Doch was sie in dieser Zeit erlebte, darüber spricht sie nicht: »Es ist zutiefst privat. Es würde nur dazu verführen, sich wichtig zu fühlen. Auch aus spirituellen Erfahrungen können Egotrips werden.«

Eine Geschichte teilt sie aber auf ihrer Website mit:

»Als ich in der Höhle lebte, hatte ich einmal einen Traum. Ich träumte, dass ich in einem gewaltigen, grenzenlosen Gefängnis sei. Da gab es oben Penthouse-Wohnungen, in denen sich die Leute unterhielten, lachten, tanzten, sich liebten und arbeiteten. Man konnte dann verschiedene Ebenen hinunterwandern, bis zu den Kerkern, wo Menschen sich unter Qualen wanden, ohne jede Hoffnung auf Besserung. Plötzlich wurde ich mir der Unsicherheit gewahr. Wer heute im Penthouse lebt, kann morgen schon im Kerker landen. Wir alle zusammen hausten in einer Falle. Irgendwie mussten wir hier herauskommen. Ich sprach also mit einigen Freunden und sagte ihnen: ›Schaut, das ist ein Gefängnis, wir müssen hier heraus.‹ Alle sagten: ›Du hast ja recht, es ist ein Gefängnis, aber es ist doch gar nicht so schlecht hier.‹ Oder sie sagten: ›Es ist wirklich ein Gefängnis, aber man kommt hier nicht heraus. Wir sollten akzeptieren, dass wir hier sind.‹ Schließlich fand ich zwei Freunde, die bereit waren, mit mir einen Ausbruch zu wagen. So ging der Traum weiter.

Die Frage ist nun: Was hat unser Alltagsleben hier auf Erden mit so einem Gefängnis zu tun? Und wie können wir daraus entkommen? Das ist im Grunde die Frage, um die es im Buddhismus geht. Es geht nicht um unser physisches Dasein. Es geht um unseren Geist. Unser Geist ist gefangen, nicht durch äußere Barrieren, sondern durch Ignoranz. Überall auf der Welt ist das so, und deswegen mache ich mir Sorgen um unsere Zukunft. Trotz allem äußerlichen Lernen, trotz Forschung und Wissenschaft: Wir sind völlig unwissend. Auf spiritueller Ebene sind wir noch genauso unwissend wie zu den Zeiten, als der Buddha über diese Erde spazierte.«

In der Einsamkeit der Höhle reifte in Tenzin Palmo der Entschluss, ein Frauenkloster zu gründen. Seit 1993 reist sie um die Welt und hält Vorträge, um Spenden für ihr Kloster im Himalaja zu sammeln.

Wir treffen sie in der Schweiz, in der Villa Unspunnen im Berner Oberland am Fuße von Jungfrau, Mönch und Eiger. Die Wolken geben die weißen Berggipfel gerade etwas frei, als wir den Ort Wilderswil erreichen. Tenzin Palmo ist hier als Referentin zu Gast. Sie fällt sofort auf mit ihren kurz geschorenen Haaren und der roten Kutte der Mönche und Nonnen des tibetischen Buddhismus. Mit dem ersten Blickkontakt zaubert sie bereits ein Lächeln in unsere Gesichter. Ist es ihre englische Art? Tenzin Palmo sprüht nur so vor Humor und Lebendigkeit. »Wir nehmen uns selbst zu wichtig. Ein Sinn für Humor sollte unsere siebte Tugend sein«, erklärt sie uns. Im tibetischen Buddhismus spricht man gewöhnlich von sechs Tugenden oder Vollkommenheiten, die zur Erleuchtung führen.

Haben ihr die vielen Jahre tiefer Meditation letztendlich einen Weg gezeigt, heraus aus dem Gefängnis des Geistes?

»Wenn man meditiert, geht es grundsätzlich darum, sich mit der Natur des eigenen Geistes vertraut zu machen. Normalerweise denken wir darüber überhaupt nicht nach, weil wir im Außen so beschäftigt sind. Wenn Menschen beginnen, in sich hineinzuhören, bemerken sie zuallererst, wie viel Lärm in ihrem Kopf ist. Wenn wir unser Bewusstsein beobachten, bemerken wir einen endlosen Strom von Erinnerungen, Meinungen, Ideen, Urteilen, Hoffnungen, Ängsten, Plänen, Befürchtungen. Es sind endlose Turbulenzen, die sich da in unserem Kopf abspielen, und normalerweise können wir das überhaupt nicht bewusst kontrollieren. Alles Mögliche will sich in unserem Kopf Gehör verschaffen. Ich denke, niemand würde sich das freiwillig aussuchen. Wir wollen uns nicht ständig über alles Mögliche Sorgen machen oder immerzu gejagt werden von belastenden Erinnerungen. Dabei tauchen negative Emotionen auf wie Angst, Neid oder Ärger, ob wir das wollen oder nicht. Aber wenn wir einmal hinter diese vordergründigen Turbulenzen blicken, dann finden wir Ruhe. Im Grunde sind wir dieses ruhige Gewahrsein, und das versuchen wir in der Meditation zu entdecken.«

Sind Sie bei diesen vielen Stimmen in uns auch auf die Intuition gestoßen?

»Ich habe verschiedene Stimmen in mir wahrgenommen, die mir manchmal sehr bestimmt dieses oder jenes sagten, aber für mich hat das nichts mit Intuition zu tun. Für mich ist Intuition ein stilles Wissen jenseits von Worten. Sie braucht keine Gedanken. Plötzlich weiß man etwas, ohne es vorher in einem gedanklichen Vorgang formuliert zu haben. Man weiß einfach so. Und wenn man sich daran hält, dann erweist es sich meist als genau richtig. Es gibt eine Seinsebene in uns, die weiß. Überdeckt wird sie von unserem pausenlos schwätzenden Verstand, aber in der Tiefe unseres Seins wissen wir. Gelegentlich kommt das an die Oberfläche. Aber normalerweise ist es wie mit dem Himmel. Da ist dieser grenzenlose blaue Himmel im Hintergrund, aber er wird verdeckt von Wolken, die davor umherwandern. Im Moment können wir den Gipfel des Jungfraumassivs hinter uns nicht sehen. Er ist eingehüllt von Wolken. Aber er ist da. Für einen Moment riss vorhin der Himmel auf, und der Gipfel war zu sehen, dann wurde er gleich wieder verhüllt.«

Wenn Intuition ein klares Wissen ist, warum fühlen sich dann viele Menschen so unsicher mit ihrer Intuition?

»Eigentlich ist Intuition wirklich ein sehr profundes Wissen. Doch bei vielen Menschen, die meinen, sie seien intuitiv, tauchen nur irgendwelche Ideen auf, und sie halten das für ihre Intuition. Das funktioniert dann manchmal und manchmal nicht. Wenn es schiefgeht, vergessen sie es in der Regel sehr schnell, und wenn es mal klappt, dann glauben sie Wunder wie intuitiv sie seien. Aber für mich hat das nichts mit Intuition zu tun. Echte Intuition – ich kann es nicht anders sagen: Es ist ein Wissen. Und große Meister leben tatsächlich auf dieser Ebene. Darum suchen wir sie auf. Wir holen uns ihren Rat. Sie geben nicht einfach nur ihre Meinung wieder oder sagen uns aus ihrer Sichtweise heraus, was wir tun sollen, sie sprechen von einer Ebene echten Wissens aus. Sie wissen, was ist. Wir nehmen die Dinge normalerweise nicht so wahr, wie sie wirklich sind.«

Woher kommt diese Verwirrung, die wir normalerweise erfahren?

»Unser Geist ist wie der klare Himmel. Aber wir neigen dazu, unser Ego als etwas sehr Beständiges und Unveränderliches im Zentrum unseres Seins zu betrachten. Aus buddhistischer Sicht gründet genau darin die uns eigentümliche Ignoranz. Das ist die hauptsächliche Täuschung. Daraus erwachsen all unsere Probleme: Unser Ego bringt unaufhörlich Gedanken und Emotionen hervor, mit denen wir uns identifizieren. Die Gedanken und Gefühle sind nicht das Problem. Unser Problem ist, dass wir uns mit ihnen identifizieren. Wir glauben, dass wir das wirklich sind. Es ist so, wie wenn man sich mit den Wolken identifiziert und den Himmel nicht erkennt. Aber hinter diesem Ego, das ständig diese Wolken aus Gedanken, Erinnerungen und Gefühlen produziert, ist unser reines Bewusstsein. Es ist endlos wie der Himmel, aber wir nehmen es nicht wahr. Man kann hier nicht mehr sagen: ›Das bin ich‹ oder: ›Das ist meines‹. Man kann es nicht fassen, wie den Weltraum. Den kann ich auch nicht packen und sagen: ›Das ist mein Raum‹. Raum ist einfach Raum. Das reine Bewusstsein ist jenseits der Dualität von ›Ich‹ und ›Du‹. Es ist reines Gewahrsein, hier gibt es die Idee von ›mein‹ und ›dein‹ nicht mehr.

Aus unserem gewöhnlichen, egoistischen Blickwinkel heraus wirkt alles um uns herum sehr massiv, sehr dauerhaft und eigenständig. Da erscheinen lauter getrennte, in sich abgeschlossene Dinge da draußen. Aber wenn wir den Zustand reinen Bewusstseins erreichen, wird die Verbundenheit von allem offensichtlich. Dann spüren wir, dass alles atmet, alles lebt, alles Bewusstsein hat und alles miteinander tief verbunden ist. Und hieraus sprudelt auch unsere Intuition.

Das Problem ist, wir sind uns dessen nicht bewusst. Wir erkennen die Verbundenheit nicht mehr. Wir haben keinen Zugang mehr zum reinen Gewahrsein in uns und wir sind uns der Intuition nicht bewusst. Uns dominiert egoistisches Verstandesdenken, das uns seiner Natur nach von allem entfremdet. Deswegen zerstören wir alles: uns selbst, die Natur, den gesamten Planeten. Wir sind in einer echten Krise.«

Der schöpferische Mensch schöpft
aus den lebendigen Wassern,
aus der Lebensseele, und holt das Vergessene und
das noch Unrealisierte herauf an den Tag,
in den denkenden und denkbaren Bereich.

Jean Gebser

Wo finden wir die Quelle der Intuition – im Innersten von uns selbst oder in der Verbundenheit des gesamten Universums?

»Ob man jetzt sagt, die Intuition führt uns ganz in uns hinein oder ganz aus uns heraus – ich glaube, das sind noch falsche Vorstellungen«, meint Alexander Lauterwasser. »Die Vorstellung, dass Intuition uns in das eigene Unbewusste führt, ist zu räumlich gedacht. Wir denken Bewusstsein ist oben, das Unbewusste da unten. Es gibt aber auch ein anderes uraltes Bild, das besagt: Im Innersten unseres Inneren treffen wir auf eine Seinsebene, auf der wir zugleich ganz innen und ganz außen sind. Der christliche Mystiker Meister Eckhart hat das ›Seelenfünklein‹ genannt. Das heißt, wenn wir durch alle unsere Schichten hindurch sind, ist im Innersten etwas ganz Universelles. Im Innersten der Individualität ist das Moment zu finden, wo wir wieder anknüpfen können an das Universelle. Im Prozess der Intuition geschieht aus meiner Sicht eine gegenseitige Berührung des zuhöchst Individuellen mit dem Ganzen. Das Ganze ist überall. Die Erde ist nicht nur unten und der Himmel nicht nur oben, sondern die Erde schwebt inmitten des Himmels. Ich glaube, wir haben viele alte, räumliche Trennungsvorstellungen im Kopf, von denen wir uns frei machen müssen, und dann kommen wir zu einem ganz neuen Zugang zur Intuition.«

Wir treffen Alexander Lauterwasser in einem von außen unscheinbar wirkenden, ehemaligen Bauernhaus in Heiligenberg am Bodensee. Als wir die engen Stufen des alten Bauwerks hinter uns haben, öffnet sich eine Tür in einen Raum, der mir wie ein modernes Alchemielabor erscheint. Ich entdecke die Formen der platonischen Körper, die ich noch aus dem Physikunterricht kenne, in verschiedenen Variationen auf Bildern und in Modellen: Tetraeder, Hexaeder, Oktaeder, Dodekaeder, Ikosaeder. Daneben gibt es viele eigentümliche Darstellungen von Schildkröten aus den verschiedensten Kulturen sowie leuchtende Nahaufnahmen von Blumen und ästhetischen Strukturen aus der Natur, bei denen ich oft erst auf den zweiten Blick erkenne, was sich dahinter verbirgt. In einem Seitenraum stehen rätselhafte technische Gerätschaften, dazu Kameras, Verstärker, viele Lampen.

»Ich versuche seit über 20 Jahren, dem Geheimnis und der Schönheit im Zusammenspiel von Wasser- und Klangwellen nachzuforschen«, erklärt mir Alexander Lauterwasser. »Wasser ist in meinen Augen der universelle Resonator. Es scheint von allen chemischen Verbindungen, die wir in der Welt kennen, diejenige zu sein, die die universellste Resonanzfähigkeit besitzt. Hier in diesem Labor versuche ich zu zeigen, wie sensibel und komplex das Medium Wasser auf verschiedenste Schwingungen, vor allem auf Schallwellen, reagiert. Je nach Frequenz der Tonschwingung bilden sich auf dem Wasser Oberflächenwellen. Die beleuchte ich von oben und filme und fotografiere die Lichtreflexionen.

Ich kann das einmal zeigen: Hier habe ich ein kleines Gefäß, in dem ist etwa ein Zentimeter Wasser. Wenn ich jetzt von unten her das Wasser in dem Gefäß in Schwingungen versetze, entstehen auf der Wasseroberfläche verschiedene Wellenbewegungen. Die können sehr chaotisch sein, so wie jetzt, wenn die einwirkende Schwingungsfrequenz mit der Eigenschwingung dieses Gefäßes nicht korrespondiert, also nicht in Resonanz steht. Jetzt sehen wir ein rein chaotisches Schwingungsverhalten der Wasseroberfläche. Es können sich aber auch wunderschöne Muster durch sogenannte stehende Wellen zeigen. Der Entstehungsprozess stehender Wellen ist für mich ein wunderbarer Prozess, um das Phänomen von Resonanz zu erklären. Das versuche ich jetzt zu zeigen.«

Alexander Lauterwasser dreht vorsichtig an einem Schalter. Wir hören einen Ton, der je nach Drehrichtung etwas schriller oder tiefer klingt. Durch die Kamera verfolgen wir auf einem Bildschirm die sich wandelnde Strukturierung auf der Wasseroberfläche.

»Jetzt versuche ich mal ganz vorsichtig, eine Frequenz zu finden, die mit der Eigenschwingung dieses Gefäßes in Resonanz steht, und dann werden wir etwas erleben. Das ist nicht so einfach. Resonanz lässt sich nicht herbeizwingen. Das bedarf eines sehr sensiblen Einstimmungsprozesses. Aber jetzt können Sie sehen, dass sich inmitten der chaotischen Bewegung plötzlich ein ganz klares Muster herausbildet. Jetzt haben wir eine klare Struktur.«

Beim Blick auf das Bild der laufenden Kamera erkenne ich ein schönes gleichmäßiges, fünfstrahliges Muster.

»Das ist der faszinierende Prozess. Man kann sehen, wie hier auf dem Wege der Resonanz, aus einer vollkommen chaotischen Bewegung heraus, sich plötzlich eine klare, ruhende Struktur herausbildet. Sie hat eine eindeutige Ordnung und eine gewisse Stabilität. Man könnte sagen, die Wasseroberfläche stellt jetzt ein einheitlich oder kohärent schwingendes Feld dar. Das ist ein Paradebeispiel für Resonanz. Sie sehen, wenn ich hier weiter drehe und in andere Frequenzen komme, ergeben sich andere Muster. Jetzt haben wir wieder ein wunderschönes Beispiel. Das Wassers ist dabei vollständig in Bewegung, da ist kein einziges Molekül, das sich an einem festen Ort befindet, aber aus der Gesamtheit der Übertragungen der Wellen ergibt sich ein einheitlich schwingendes Feld, aus dem diese wunderschöne ruhende Ordnung, eine stehende Welle hervorgeht.«

Tatsächlich sehe ich ein komplexes Bild, das mich in seiner Ordnung und Schönheit sofort an ein Mandala erinnert.

»Je höher die Frequenz geht, umso größer wird die Vielzahl der Wellen, und dadurch wird das Gesamtmuster dieser stehenden Wellenstruktur komplexer und differenzierter.

Das Faszinierende ist, zu sehen und zu erleben, wie aus einer ganz flüssigen, fließenden Bewegung heraus durch die Resonanz mit Tonschwingungen eine ruhende Ordnung als Gestalt und Form entsteht.«

Alexander Lauterwasser zeigt mir Fotos, die belegen, dass sich die Muster, die aus den Tonschwingungen an der Wasseroberfläche entstehen, auch überall in der Natur wiederfinden lassen: in Blütenformen, in Früchten, in Blättern, in Muschelgehäusen.

Musik ist ein Teil des schwingenden Weltalls.
Ferruccio Busoni

Wie ist dieses Phänomen zu erklären?

»Die moderne Quantenphysik erklärt die Entstehung der atomaren Strukturen auf ähnliche Weise«, führt Alexander Lauterwasser aus. »Die Spitzen, also die Vorreiter der modernen Wissenschaft sagen uns heute: ›Die Grundlage unserer Welt ist eine alles verbindende einheitliche Quantenrealität, in der alles miteinander schwingt und in Bewegung ist.‹ Durch Schwingungsresonanz entstehen dann aus sich heraus Ordnung, Struktur und letztlich das, was wir Materie nennen. Unser klassisches Weltbild war so, dass man ruhende, einzelne Atome wie Legobausteinchen additiv aneinandergefügt hat, und dann sollten daraus die verschiedenen Formen der Materie entstehen. Man ging von einer trägen Ruhemasse aus, dann kam Bewegung von außen hinzu. Aber so kann sicherlich kein lebendiger Organismus entstehen.

Die totale Kehrtwende in der modernen Physik geschah,

als deutlich wurde: Das grundlegende Prinzip des ganzen Kosmos ist nicht die Trägheit der Masse, sondern es sind die Dynamis, die Bewegung, der Prozess. Jetzt ist das große Rätsel: Wie kann aus diesem Chaos der unendlich vielen Prozesse plötzlich eine klare Struktur und Form entstehen? Wie kann aus etwas vollkommen Bewegtem etwas Ruhendes, etwas klar Strukturiertes entstehen – die Ordnung eines Kristalls, eine Atomgitterstruktur oder gar ein lebendiger Organismus? Meine Experimente könnten ein wunderbares Beispiel für Antworten auf diese Fragen sein.«

In einem Buch blätternd betrachte ich staunend die unterschiedlichen ästhetischen Formen, die Alexander Lauterwasser über all die Jahre mit seiner Kamera dokumentiert hat.

»Intuition ist für mich ein Vorgang der Resonanz. Das heißt, eine Wirklichkeit muss in der Lage sein, sich vollkommen auf etwas anderes hin auszurichten, dafür empfänglich zu werden, sodass das eine sich im anderen ausdrücken kann. Ich sehe in diesem Phänomen der stehenden Wellen und somit im Prozess der Resonanz ein wunderbar anschauliches Beispiel für das, was im Vorgang der Intuition passiert. Wir haben auf der einen Seite eine Realität, die aufnimmt, etwas empfängt, und auf der anderen Seite eine Wirklichkeit, die wirkt. Intuition kann für mich nur gelingen, wenn sich die zwei verschiedenen Seiten so ineinanderfügen, stimmig werden, dass das Eine im Anderen zur Wirkung kommen kann. Da muss man sensibel und offen sein wie das Wasser. Intuition hat für mich mit seelischer Beeindruckbarkeit zu tun. Ein Granitblock oder ein typischer Betonschädel werden nie in der Lage sein, in den Prozess einer

Intuition zu kommen. Da ist Sensibilität, da ist Wachheit, da ist Geistesgegenwart, da ist Flexibilität gefordert.«

Was aber soll das sein, das in der Intuition auf uns einwirkt?

»Das Beeindruckende ist die Wirklichkeit. Ob das jetzt nur außen ist, weiß ich nicht, aber es ist das, was nicht ich bin. Das Einwirkende ist die Natur, ist die Wirklichkeit. Ihr gegenüber stehe ich, das individualisierte, abgeschlossene Individuum, scheinbar isoliert und abgetrennt von der Welt. Das große Geheimnis des Lebens sind für mich aber die Dialogfähigkeit, die Resonanzfähigkeit mit dieser Wirklichkeit. Ein Organismus ist nur so lange gesund, solange er resonanzfähig ist. Für mich ist der Augenblick gelungenster Kommunikation zwischen dem Individuum und dem Ganzen das, was wir Intuition nennen.«

Und wie kann diese Kommunikation gelingen?

»Eine Voraussetzung, um als Individuum in den Prozess der Intuition zu kommen, ist für mich, neben Offenheit, die Fähigkeit des Staunens. Wir müssen Abschied nehmen von der Einbildung ›Ich kenne schon alles‹. Wir müssen wieder eine innere Haltung finden, die getragen ist von Staunen und Fragen. Der berühmte Satz des Sokrates: ›Ich weiß, dass ich nichts weiß‹ – das ist für mich die Voraussetzung für Intuition. Man muss sich bewusst sein, dass man nichts weiß. Dann kann man offen sein für die Antwort der anderen Seite. Wir denken gerne: ›Kenn ich schon – das ist eine Birke, das eine Buche, das eine Sonnenblume.‹ Wir geben dem Ganzen Etiketten und denken: ›Abgehakt, fertig.‹ Wenn man aber hinschaut, mit offenen Augen, dann erkennt man: Jede Birke ist anders. Jede Sonnenblume ist anders. Das ist

»*Wasser-Klang-Bilder*« *von Alexander Lauterwasser*

eine lebenslange Übung. Das ist interessiertes Hinschauen. Das Wort ›Interesse‹ kommt ja aus dem Lateinischen: ›inter esse‹ heißt ›dazwischen sein‹. Es bedeutet: ›Ich bin bei mir und suche zugleich den Anschluss an das Äußere.‹ Ich denke, das ist das kleine Einmaleins der Intuition.«

Also erfordert Intuition Mühe, Anstrengung, Übung?

»Über 95 Prozent aller körperlichen Prozesse laufen ohne die Steuerung unseres Wachbewusstseins ab. Wir sind nur lebendig und gesund, weil unser Körper intuitiv, unbewusst diese Resonanzen permanent realisiert und aufrechterhält, auf der organischen, der stofflichen und der feinstofflichen Ebene. Als Individuum, als bewusstes Individuum können wir aber jetzt noch eine andere Stufe erreichen, wenn wir es wollen. Wir können unser Empfindungs- und unser bewusstes Denkvermögen in der gleichen Weise mit dem Ganzen der Wirklichkeit in Resonanz bringen, so wie unser Körper das ganz intuitiv macht. Aber das geht nicht mehr automatisch, dafür muss jeder Mensch in sich eine Aktivität aufbringen. Es ist kein ›Ich will es haben‹, ›Ich will es herbeischaffen‹. So kann Intuition nicht gelingen. Es ist mehr ein fragendes ›sich Einschwingen‹, ein ›Offenbleiben‹, ein ›Warten-Können‹, etwas ›Absichtsloses‹, und dennoch muss ich dabei voll Interesse auf das Ganze bezogen bleiben. Ich muss eigentlich weich und sensibel sein wie Wasser und bereit sein, mit mir etwas geschehen zu lassen. Der Dichter Novalis hat das sehr schön genannt ›… das andere in mir walten lassen. Eine innere Berührung des Universums‹.

Intuition ist für mich der Glücksmoment, der sich einstellt, wenn wir in harmonischer Resonanz mit dem Universum sind. Das sind diese Sternstunden, oder vielleicht sind es auch nur Minuten, manchmal auch nur Sekunden, wenn man das Erlebnis hat: Ich bin nicht isoliert. Ich bin nicht das in sich eingeschlossene Individuum, das zwar alles denken kann, aber mit dem Denken nie in eine wirkliche Verbindung mit dem Außen kommt. Ich kann dann vielleicht sogar erleben: Es gibt nicht nur Dialog und nicht nur Kommunikation, sondern es gibt vielleicht in diesen Sternsekunden auch so etwas wie Kommunion – ein Einssein mit dem Ganzen. Es ist ein höchst waches, intensivstes Erlebnis. Man spürt dabei, die Isolation des Individuums ist nicht die letzte Wahrheit, es gibt eine andere Möglichkeit.«

Muss man dazu das Denken ausschalten?

»Es ist nicht die Verabschiedung des wachen Denkens, sondern es ist eine Steigerung unseres Denkens über seine Alltags-Denkmechanismen hinaus in einen höheren Bewusstseins- und Wachheitszustand hinein. Intuition kann nicht gelingen, wenn ich mich auf die Couch lege und passiv werde und sage: ›Den Seinen gibt's der Herr im Schlaf. Da wird schon irgendetwas kommen.‹ – Nein, da wird gar nichts kommen. Von dem jüdischen Philosophen Martin Buber gibt es den schönen Ausspruch: ›Nie ohne mich.‹ Das heißt, ich muss mich in vollkommener Wachheit und Offenheit einbringen. Aber dann sagt Martin Buber weiter: ›Aber nie durch mich allein.‹ Es kommt von der anderen Seite her, über die ich nie verfügen kann. Ich kann Intuition nie machen oder erzwingen. Sie kommt, wann sie will, und nicht, wann ich will.«

Wie ist er selbst der Intuition auf die Spur gekommen?

»Ich bin der Intuition nicht auf die Spur gekommen. Eher hat die Intuition mich gesucht. Ich war zwölf Jahre alt, da ist mir im Wald, hier an den südlichen Hängen des Heiligenbergs, eine Schildkröte begegnet. Eine griechische Schildkröte, obwohl die hier eigentlich nicht vorkommen. Das war der Auslöser dafür, dass ich mich als Jugendlicher sehr viel mit Schildkröten beschäftigt habe. Der elterliche Garten war dann voll mit diesen Tieren. Ich habe selber gezüchtet. Später habe ich dann studiert, Philosophie und Psychologie. Dabei habe ich die Schildkröten nicht vergessen, aber sie waren nicht mehr im Vordergrund. Dann arbeitete ich einige Jahre mit Jugendlichen in der Drogentherapie.

Eines Tages aber, so Mitte 30 herum, hatte ich deutlich das Gefühl: Es fehlt etwas. Irgendetwas in mir war unzufrieden. Dann habe ich einen Film von Andrej Tarkowskij gesehen, darin wurde genau das thematisiert: Man muss in seinem Leben zurückgehen und schauen, ob man nicht irgendetwas übersehen hat. Ob man nicht einen wichtigen Faden seines Lebens verloren hat. So bin ich wieder auf die Schildkröte gestoßen. Dann habe ich mich, sehr eingehend, mit der Mythologie, Zoologie, Morphologie dieses Tieres beschäftigt. Dabei ist die Frage immer zentraler geworden: Wie entsteht das Muster auf den Schildpanzern der Schildkröte? Wie entstehen in der Natur überhaupt Formen und Gestalten?

Dann habe ich eines Tages von Hans Jenny und seinen Untersuchungen über Chladnische Klangfiguren gehört. Ernst Florens Chladni war ein Forscher zur Goethe-Zeit. Ihm ist die geniale Entdeckung gelungen, dass Klang, Töne und Musik in der Lage sind, Materie zu gestalten und zu formen. Chladni hat Metallplatten mit Sand bestreut und dann mit einem Geigenbogen an ihnen entlanggestrichen.

Die Platten geraten dadurch in Schwingung. Sie erzeugen einen Ton, und durch die Schwingungsbewegung wird der Sand bewegt. Bei vorliegender Resonanz nimmt der Sand ganz klare Formen und Muster an. Ich habe diese Muster gesehen, und sie haben mich sofort an Schildkrötenpanzer erinnert. Ich war wie elektrisiert. Ich wusste intuitiv sofort, das muss ich mir genauer anschauen. Dann habe ich angefangen, eigene Schwingungsexperimente durchzuführen. Seit über 20 Jahren sitze ich nun an diesem Thema und ich darf mich, dank der Schildkröte, mit den gestaltbildenden Prozessen von Schwingungen und Klängen beschäftigen. Dafür habe ich der Schildkröte auch ein Buch gewidmet.«

Wohin kann uns, zusammengefasst, Intuition Ihrer Meinung nach führen?

»Ich denke, jeder von uns ist als biologisch-organisches Wesen ein abgegrenzter individueller Organismus. Wir stehen als Einzelwesen einem Ganzen gegenüber. Das große Thema alles Lebendigen ist für mich: Wie kann dieses individualisierte Einzelne wieder in einen Kontakt, eine Begegnung mit dem Ganzen kommen? Unser Körper, der kann das auf der organischen Ebene intuitiv. Organische Lebendigkeit ist immer im Austausch. Stoffwechsel nennen wir das in der Biologie. Aus meinen Begegnungen mit der Schildkröte habe ich gelernt: Tiere sind immer in diesem unbewussten Zustand der Verbundenheit mit dem Ganzen. Rilke hat sehr schön gesagt: ›Das Tier sieht mit allen Augen das Offene.‹ Das Tier ist immer im innersten Kontakt mit dem Ganzen. Wir nennen das Instinkt, fälschlicherweise würde ich sagen. Denn es ist kein Gedächtniskämmerchen zu finden, wo die Dinge alle programmiert sind. Ich denke, Tiere sind intuitiv im Ganzen verankert. Deswegen führen sie eine Existenz in völliger Übereinstimmung mit ihren innersten Gesetzen.

Wir Menschen haben dieses Ich-Bewusstsein. Dann stellen sich die Fragen: Wer bin ich überhaupt? Was soll ich hier? Was bedeutet das Ganze da draußen? Bin ich gefragt worden? Will ich überhaupt mitmachen? – Man sucht nach Sinn. Sinn hat immer was mit dem Inneren zu tun. Das steckt schon im Wort. Man sucht eigentlich nach seiner eigensten inneren Beziehung zum Ganzen. Oder bleibe ich mit meinem individuellen Ich-Denken immer nur bei mir?

Für mich ist Intuition die Erfahrung: Ich bin von der anderen Seite, welcher Art sie auch immer sein mag, berührt worden. Ich bin nicht nur in mir isoliert, abgeschlossen, sondern es gibt die Möglichkeit einer Begegnung meines Inneren mit dem Anderen, seien es andere Menschen, die Natur, der Kosmos, der Geist oder wie immer wir das nennen. Es ist die Erfahrung: Ich gehöre zu diesem Anderen irgendwie dazu, auch wenn ich nicht weiß, wo und wie. Ich weiß, da ist eine Wirklichkeit, die mir etwas zeigen will, mir etwas geben will, die aber auch von mir etwas verlangt. Intuition ist ein Geschenk. Aber nicht um es zu besitzen und zu genießen, eine echte Intuition verlangt von mir eine Antwort. Ich soll mit meinem Leben darauf antworten. Ich soll dem Ganzen durch mein Leben etwas zurückgeben.«

Sich auf die innere Stimme
des göttlichen Geistes einzustimmen,
ist der Zweck des menschlichen Lebens auf Erden.
Daskalos, Dr. Stylianos Atteshlis

»In einem Garten ging das Paradies verloren. In einem Garten wird es wiedergefunden«, lautet ein altes Sprichwort. Was mit diesem Spruch gemeint sein könnte, habe ich im Garten von Petra Bunke in der Nähe von Überlingen am Bodensee nachempfinden können. Ich hatte hier das Gefühl, am spirituellen Höhepunkt unserer erlebnisreichen Reise zu sein.

»Intuition ist für mich eine tiefe Berührung mit dem Leben. Ihre Quelle ist die Liebe zum Leben«, sagt Petra Bunke. Wir sitzen an einem kleinen Teich, in dem Goldfische schwimmen und Seerosen blühen. Er ist umrahmt von üppigen Blumen und Sträuchern. Es blüht und duftet. »Wenn ich Pflanzen bekomme, fühle ich erst einmal nach, wohin sie gerne möchten. Manchmal ist es für mich selbst überraschend, wo sie gerne wachsen wollen. Doch das meiste, was hier wächst, ist von selbst gekommen, diese Königskerzen etwa, das Johanniskraut, der Alant. Ich finde es immer wieder spannend, welche Pflanzen sich hier ansiedeln.«

Für unseren rational trainierten Geist ist Petra Bunkes Welt eine Herausforderung: Die Natur spricht. Sie ist lebendig. Pflanzen, Tiere, Steine, Sterne – alles ist eingebunden in eine Welt, in der alles am rechten Platz ist und alles zu seiner Zeit geschieht. Die gesamte Schöpfung reagiert und antwortet auf das, was wir tun: Ist es nur Zufall, wenn in gewissen Momenten der Wind auffrischt, wenn sich die Sonne zeigt, wenn ein Vogel schreit? Vieles erinnert an eine Zeit, in der die Welt noch verzaubert war. In den Überlieferungen der katholischen Kirche steht der heilige Franziskus für diese Welterfahrung: Der Schöpfungsgeist spricht durch alles, was uns umgibt. Geistiges manifestiert sich, wird sichtbar in der Materie. Spiritualität heißt hier, wahrnehmen, was ist.

»Das ist die Metamorphose in unserer Zeit, eine Evolution: Der Mensch erkennt sich mehr und mehr als Geistwesen«, erläutert Petra Bunke. »Wir denken, wir seien irdisch und da drüben gäbe es das Geistige. Jetzt entdecken wir, dass das Irdische selbst geistig ist. Das ist eine Umwandlung unserer Prägungen. Meine lebendige Erfahrung im Leben ist: Die Schöpfung versteht uns und sie hat eine Sprache. Wir können mit ihr kommunizieren durch die Gabe der Intuition. Für mich ist Intuition ein Persönlichkeitsanteil in uns Menschen. Je mehr eine Kultur die Intuition als unnatürliche Fähigkeit abspaltet, desto größer wird auch die Spaltung zwischen Mensch und Natur.«

Wie können wir wieder Zugang finden zu dieser Sprache der Natur?

»In der Kunst- und Erlebnisschule, die ich gegründet habe hier am Bodensee, liegt der Hauptfokus darauf, die Schöpfungsgesetze in der Natur wahrzunehmen. Alles in der Natur hat seine Zeit. Alles ist eingebunden in natürliche Rhythmen. Wenn wir aufmerksam beobachten, können wir erleben, dass in den Kreisläufen der Natur zu bestimmten Phasen Impulse gesetzt werden. Wenn wir etwa eine Wiese betrachten, auf der kaum etwas blüht, kann es sein, dass dieselbe Wiese zwei Tage später plötzlich, wie von einem Glockenschlag gerufen, übersät ist mit einer bestimmten Sorte von Blumen. Zu unserem Erstaunen kommen sie alle fast gleichzeitig zum Vorschein. Scheinbar hat ein innerer Klang in der Schöpfung die Pflanzenwelt erweckt. Je mehr wir uns der Intuition öffnen, eine Empathie entwickeln für die Schöpfungsgesetze in der Welt, umso deutlicher können wir spüren, dass es auch für uns Zeiten gibt, die uns mitbewegen.«

Wie zeigt die Natur uns Menschen ihre ganz eigentümlichen Kreisläufe?

»Der einfachste Kreislauf, den schon Kinder erfühlen und erleben, ist der tägliche Sonnenrhythmus. Immer wieder erleben wir, dass die Sonne im Osten aufgeht, hineinwächst in den Süden, im Westen ausklingt und bekannterweise im Norden nie zu sehen ist. Wenn wir jetzt offen sind und uns einlassen können auf das, was ist, dann haben wir in der Schöpfung ein Buch vor uns, das mit uns spricht und uns vertraut macht mit vielen Schöpfungsgeheimnissen. Wir können beginnen, indem wir uns einstimmen auf das, was wir schon kennen. Der Sonnenkreislauf ist uns allen vertraut. Wir können uns morgens in den Osten stellen, mit unserem Körper, und uns darauf einstimmen, von der Himmelsrichtung des Ostens zu lernen. Wir wissen schon: Im Osten geht die Sonne auf. Was aber bedeutet die Ostkraft für die Schöpfung und damit auch für uns noch? Wenn wir uns mit diesen Kräften verbinden, dann können wir Bücher um Bücher von innerem Wissen erfahren und auch die Kraft schöpfen, um unsere Erkenntnisse umzusetzen.

Das ist der Unterschied zu Visionen, die durch alle möglichen Einflüsse entstehen können: Wahre Intuition ist immer mit der Kraft verbunden, das Geschaute auch umzusetzen. Menschen, die wieder Zugang finden zum Dialog mit der Schöpfung, zur Intuition, sind voller Freude am Leben, weil sie spüren, dass Leben Kraft ist. Jeder Mensch, ob ein Erwachsener, ein Kind oder ein alter Mensch, jeder kann in sehr einfacher Weise Zugang finden zur Natur und zu den Impulsen aus der Natur, als inneres Wissen und als Kraft.«

Warum gelingt uns das aber nicht so leicht?

»Um intuitiv leben und erleben zu können, brauchen wir eine möglichst vollkommene Präsenz im Hier und Jetzt. Wenn wir mit einem Teil unseres Bewusstseins nicht anwesend sind, dann können wir intuitiv nur eingeschränkt wahrnehmen. Ich kann dazu eine kleine Übung zeigen. Ich nenne diese Übung ›Sich-unsichtbar-Machen‹.«

Petra Bunke geht um einen Walnussbaum in ihrem Garten herum:

»Momentan bin ich anwesend. Ich erlebe den Baum in seiner Schönheit und fühle mich sehr präsent und anwesend. Jetzt beginne ich damit, mich unsichtbar zu machen. – Jetzt bin ich im Zustand des Unsichtbarseins. – Jetzt komme ich wieder zurück zu mir selbst und bin wieder vollkommen sichtbar.«

Ich schaue etwas verdutzt, denn mir sind keine Veränderungen aufgefallen.

»Der Hintergrund der Übung ist folgender: Äußerlich betrachtet schreite ich immer gleich um diesen Baum herum. Man hat den Eindruck, ich bin immer anwesend. Tatsächlich aber war ich in einer bestimmten Phase während des Gehens mit meiner inneren Welt, das heißt mit meinen Gefühlen und meinen Gedanken ganz woanders. Wir können uns gedanklich überallhin beamen oder gefühlsmäßig längst vergangenen Zeiten nachhängen oder uns Zukünftiges vorstellen.

Ich war also gerade anwesend und doch nicht anwesend. Wenn wir dem Leben begegnen, ob es die Natur ist oder andere Menschen, gehen wir immer davon aus, dass wir dem ganzen Potenzial dessen begegnen, was wir gerade sehen. In Wirklichkeit kann es aber sein, dass wir zwar die äußere Form erblicken, aber das innere Wesen ist gar nicht präsent. Mit wem können wir uns dann verbinden? Mit wem wollen wir uns dann austauschen? Auch wenn wir selbst im Leben unseren Kreis drehen, um unseren Lebensbaum, ist ein Teil unserer Persönlichkeit oft nicht anwesend. Wir sind immer wieder woanders, mit unseren Gedanken und mit unseren Gefühlen. Dann ist es sehr schwierig, Erfahrungen zu machen, die uns mit der wunderbaren Kraft der Intuition verbinden. Wir brauchen für die Intuition Präsenz in Form von Liebe zu uns selbst und zu dem, was ist.«

Wie verändert sich unser Erleben, wenn wir ganz präsent sind?

»In einer wahren Begegnung mit dem Leben kann in uns eine Wahrnehmung oder eine Empfindung entstehen, wir wissen dann ganz klar, was zu tun ist. Nach meiner Lebenserfahrung ist es sehr heilsam, wenn man diesen Impulsen folgt, allerdings sollte man sie mit Verstand überprüfen, denn man trägt immer die Verantwortung für sein Tun, auch wenn man der Intuition folgt.«

Und wie zeigt sich die Intuition?

»Intuition kommt mir vor wie ein großer Engel: ein Bewusstsein, das uns auf dem Weg begleitet, das immer wieder bei uns anklopft, um uns zu berühren, das uns inspiriert, nach innen zu lauschen und das Erlauschte im Leben wiederzufinden. Wenn wir uns mit dieser Energie verbinden, dann kann das individuelle Ich mit dem Schöpfungsprinzip zusammenwirken, in dem alles verbunden ist. So können sich Lebensformen ergeben, die nicht isoliert sind voneinander, sondern sich gegenseitig ergänzen. Wir können uns dann öffnen für das, was wirklich ist, aber auch für das, was wir nicht sehen, was für uns unsichtbar ist und trotzdem existiert. Wir lassen das, was uns miteinander verbindet, miteinander wirken. Wir Menschen können von der Schöpfung lernen und wir lernen im Gegenzug auch, wie wir die Natur unterstützen können, damit sie mit uns sein kann und wir mit ihr.«

Was kann man in der Natur vor allem entdecken?

»Die Natur lebt bereits das, was wir Menschen vielleicht noch entwickeln dürfen: ein harmonisches Miteinander. Das Grundlegende ist ein großes Ja zum Leben. Alles in der Natur will leben. Es gibt auch Konkurrenzkampf, aber wenn man die Natur genau beobachtet, kann man erkennen, dass die Schöpfung insgesamt auf größtmögliche Entfaltung des Lebens gepolt ist. Der Mensch aber ist frei, eigene Wege zu gehen. Wir Menschen haben den freien Willen, uns gegen die Rhythmen von Himmel und Erde zu entscheiden. Wir können uns sogar gegen das Leben entscheiden. Das kann kein Tier und keine Pflanze.«

Was gab Petra Bunke den Mut und die Kraft, ihren Weg zu gehen?

»Mein ganzes Leben lang habe ich eine tiefe Sehnsucht in mir gespürt. Ich wusste, dass es zu all dem wunderbaren Wissen, das man über die Eltern und über die Schule lernen kann, noch ein anderes Wissen gibt. Das hat mich irgendwie berührt. Ich spürte, um an dieses andere Wissen zu gelangen, muss ich ganz nahe bei mir selbst sein. Das heißt, ich musste selbst erfühlen: Was berührt mich und von was kann ich mich berühren lassen? So konnte ich etwas lernen und erfahren, was ich nicht in Büchern gelesen oder von wunderbaren Menschen erfahren habe, sondern etwas ganz Eigenes, Individuelles. Das gab mir den Ansporn, auf diesem Weg weiterzugehen, mich in einer Art Pioniergeist auf die Suche zu machen. Ich wollte mich vom Leben selbst berühren lassen.«

Und welche Rolle spielte dabei die Intuition?

»Intuition ist für mich das Geheimnis des Nichtwissens. Sie ist der Persönlichkeitsanteil in uns, der sich zeigt, wenn wir uns auf das Leben einlassen, mit größtmöglicher Offenheit, ohne vorgefasste Meinungen, voll Vertrauen in das Leben. Grundsätzlich können wir Menschen zwei verschiedene Wege beschreiten. Der eine Weg zielt darauf ab, alles zu kontrollieren. Dabei streben wir Menschen danach, unser Wissen immer weiter auszudehnen und zu präzisieren. Wir hoffen, dadurch unser Überleben abzusichern. Wir hoffen, durch systematisches Verstehen das Gefühl der Unsicherheit in uns zu bändigen.

Im Laufe der Menschheitsgeschichte haben wir auch viel Wissenswertes gefunden, das uns hilft, zu überleben und ein angenehmeres Leben zu führen. Von daher können wir mit Dankbarkeit auf all die Menschen zurückblicken, die hier mitgeholfen haben, die systematisch geforscht haben, die uns neue Erkenntnisse gebracht haben. Doch auch der Weg der Wissenschaft war nie geradlinig. Es gab immer wieder Irrwege und Sackgassen, und manches, was als Hilfe angeboten wurde, erwies sich letztlich als sehr schädlich. Man denke nur an Medikamente mit ihren oft verheerenden Nebenwirkungen, wie etwa im Fall Contergan.

Auf dem anderen Weg, dem Weg der Intuition, muss ich lernen, Unsicherheit zu ertragen, ich öffne mich für eine Wirklichkeit, die ich noch nicht kenne. Der Weg in das Nichtwissen verlangt also großes Vertrauen in die Schöpfung. Man muss dafür ein positives, lebensorientiertes Ich kreieren, das bewusst in Einklang mit der Schöpfung, in Resonanz mit dem Schöpfungsgeist gehen will. Dabei ist unser Ich, unser Ego, berechtigterweise pessimistisch. Es erwartet zu Recht nichts Gutes von der Welt – es wird vergehen. Es gibt kein Entkommen. So, wie ich innerlich geschult worden bin, existiert eigentlich gar kein isoliertes Ich. Es ist etwas Erschaffenes. Es hat einen verstandesorientierten Anteil, der auf das Irdisch-Materielle ausgerichtet ist, und dann gibt es noch den intuitiven Anteil, der auf das Geistige, Verbindende ausgerichtet ist.

Wir alle kennen das hermetische Gesetz: Wie oben, so unten. Das heißt, alle irdischen Gesetzmäßigkeiten können wir im Geistigen wiederfinden, und alle geistigen Gesetzmäßigkeiten sind auch in den irdischen Manifestationen wiederzuerkennen. Das eine ist die Gegenprobe für das andere, wie in der Mathematik. Aber wer soll proben, wenn es keinen gibt? Also brauchen wir das Ich. Ein gesundes und sozialfähiges irdisches Ich, sowie ein gesundes und sozialfähiges geistiges Ich.

Wenn wir dabei keine Trennung erzeugen, sondern beide Persönlichkeitsanteile harmonisieren, dann können die beiden Pole wie bei einer Batterie Energie freisetzen. Wenn die Batterie nur einen Pol hätte, ob plus oder minus, dann könnte sie keine Leistung erzeugen. So sehe ich auch das Ich: Es hat zwei Pole, den irdischen Anteil und den geistigen Anteil, und wenn wir diese so weit entwickeln, dass man, sobald man etwas Irdisches wahrnimmt, das geistige Prinzip darin versteht und, sobald man ein geistiges Prinzip erkennt, auch die irdische Umsetzung in sich erkennt, dann ist die Harmonie da zwischen Geist und Materie. Und dann kann etwas wirklich Neues entstehen.«

Was könnte das für die Zukunft der Menschen bedeuten?

»Wir erkennen uns dann als Teil der Schöpfung, bereit, mit der Schöpfung mitzuschwingen. Unsere Individualität ist dann eingebettet in einen größeren Rahmen. Wir werden einen Teil unserer Individualität einordnen dürfen in die Ordnung der Schöpfung. So wie die Blumen nicht sagen: ›Ich hab Lust zu blühen, wann ich will‹, sondern erblühen, wenn die Ostkraft den Impuls dafür gibt. So müssen wir wieder lernen, uns den Prozessen des Lebens hinzugeben. Wir müssen Geduld entwickeln und erlauschen: Wann ist der richtige Zeitpunkt? Welchen Schritt sollen wir als Nächstes tun? Die Intuition, die dabei wie ein Bewusstsein zu uns gekommen ist oder wie ein großer leuchtender Engel, begleitet uns auf diesem Weg der Zielfindung. Sie wird auch Situationen schaffen, die uns die Richtung zeigen, wenn wir selber nicht erspüren können, was der nächste Schritt ist.

Gleichzeitig schenkt uns die Verbundenheit mit der Schöpfung auch eine neue Freiheit. Es ist eine Freiheit, in der wir alles erlauschen und erspüren, was um uns herum und in uns vorgeht. So mit der Schöpfung verbunden zu sein, wird sehr spannend, aber teilweise auch beängstigend sein, weil sich alles offenbart. Unsere Gedankengänge offenbaren sich. Wir werden alle telepathischer. Wir werden erfühlen, was andere Menschen denken. Wir werden empathischer empfinden. Wir werden spüren, ob die Gefühle, die uns entgegengebracht werden, echt sind. Gleichzeitig werden wir uns selber intensiver erleben. Wir werden sensibler werden und auch empfindsamer.

Intuition hilft uns, ganzheitlich wahrzunehmen. Wir werden uns gegenseitig ergänzen in der Intuition, wenn wir uns als Ganzes wahrnehmen. Und darin sehe ich eine natürliche Entwicklung der Menschheit: dass wir uns weiterentwickeln, von unserer Ich-Zentriertheit hin zu einer globalen Wahrnehmung, die viel umfassender sein wird, als wir uns das jetzt vorstellen können. Im Materiellen zeichnet sich das bereits ab. Die weltweite Vernetzung durch die technischen Geräte, die wir überall erleben, wird genauso mental und emotional stattfinden. Wir müssen lernen, uns zu öffnen, uns einzulassen auf das Gegenüber. Solange wir nur um uns selbst kreisen und nur versuchen, unser Leben in den Griff zu bekommen, mit all den Wünschen und Sorgen, die wir haben, fällt es schwer, Zugang zu finden zu innerem Wissen, zur Intuition. Dafür brauchen wir Liebe zu uns selbst und zum Leben insgesamt.«

Intuition im Miteinander

Wenn man versteht und fühlt,
dass man schon in diesem Leben
an das Grenzenlose angeschlossen ist,
ändern sich Wünsche und Einstellungen.
Letzten Endes gilt man nur wegen des Wesentlichen,
und wenn man das nicht hat, ist das Leben vertan.

C. G. JUNG

»Warum ist Lachen ansteckend? Warum gähnen wir, wenn andere gähnen? Und seltsam: Weshalb eigentlich öffnen Erwachsene spontan den Mund, wenn sie ein Kleinkind mit dem Löffel füttern? Warum nehmen Gesprächspartner unwillkürlich eine ähnliche Sitzhaltung ein wie ihr Gegenüber? Worauf also beruht die merkwürdige Tendenz der Spezies Mensch, sich auf den emotionalen oder körperlichen Zustand eines anderen Menschen einzuschwingen?«, fragt der Mediziner, Neurobiologe und Psychotherapeut Professor Dr. Joachim Bauer in seinem Buch *Warum ich fühle, was du fühlst* (Heyne Verlag, München 2006, S. 7).

Professor Dr. Joachim Bauer ist Oberarzt an der Abteilung für Psychosomatische Medizin des Uniklinikums Freiburg. Wir besuchen ihn in der Hochgrat Klinik im Allgäu. Zwischen den grünen Hügeln des Allgäus finden vor allem viele Lehrer Hilfe nach Burnout und anderen seelischen Gesundheitsstörungen. Joachim Bauer koordinierte eine im Auftrag der Bundesregierung durchgeführte Studie zum Thema »Lehrergesundheit«.

»Der Lehrerberuf zählt heute zu den Hochleistungsberufen. Lehren und Lernen sind eingebettet in die anstrengende Arbeit der Beziehungsgestaltung«, erklärt Joachim Bauer. »Zunehmende Aggressivität im Klassenzimmer macht dies zu einer zunehmend schwierigeren Herausforderung. Der gesamte menschliche Organismus registriert die Qualität der zwischenmenschlichen Beziehungen, in denen wir uns befinden. Gute Beziehungen halten uns gesund, nicht gelingende Beziehungen machen uns krank.«

Warum das so ist, dafür hat, so Joachim Bauer, die Wissenschaft eine biologische Grundlage entdeckt. Eine bedeutende Rolle dabei spielen unsere intuitiven Fähigkeiten:

»Intuition ist eine biologische Resonanz, die in uns entsteht, ohne dass wir bewusst nachdenken und ohne dass wir das kontrollieren und mit aktivem Nachdenken befördern müssen. Die Nervenzellsysteme, die in uns diese Resonanz auslösen, heißen ›Spiegelnervenzellen‹ oder ›Spiegelneuronen‹. Man kann sagen, dass das System der Spiegelneuronen in unserem Gehirn eine Art Resonanzsystem ist. Es ist ähnlich wie bei Musikinstrumenten. Wenn wir zwei Gitarren haben, die auf die gleichen Töne gestimmt sind, und wir zupfen eine Saite an, dann wird auch die gleich gestimmte Saite der anderen Gitarre mitklingen, obwohl wir die nicht gezupft haben. Es entsteht ein Resonanzphänomen.

Etwas Ähnliches gibt es auch im Bereich der Neurobiologie. In uns erklingt etwas, was eigentlich als Klang in anderen zu hören war. Eine gute Stimmung, die Sie heute haben, wird, wenn ich Sie im unmittelbaren Kontakt mit Ihnen erlebe, in mir zum Mitschwingen meiner eigenen Freudenervenzellen führen. Sie werden mich mit Ihrer Freude anstecken, denn meine Nervenzellen gehen in Resonanz mit dem, was in Ihrem Körper stattfindet. Wenn Sie auf der anderen Seite traurig sind und mir das mit Ihrer Körpersprache zeigen, wird mich das auch erreichen. Ich werde plötzlich auch das Gefühl der Trauer in mir haben, weil die Nervenzellen in mir, die aktiv werden, wenn Trauer in mir ist, angesteckt wurden durch den Zustand, der in Ihrem Körper war. Auch hier gehen meine Spiegelneuronen in Resonanz. Es gibt viele Aspekte des neuronalen Geschehens, die dieser Ansteckung, diesem Resonanzphänomen unterliegen. Unser Körper ist eine Art Resonanzorgan. Wenn andere Menschen auf der Bildfläche auftauchen, die wir mit unseren fünf Sinnen wahrnehmen, verändern diese Menschen uns, weil sie unsere Spiegelnervenzellen zum Schwingen bringen. Sie spiegeln in uns ihr jeweiliges Befinden.«

Was genau sind Spiegelneuronen oder Spiegelnervenzellen?

»Spiegelnervenzellen sind zunächst einmal ganz normale Nervenzellen. Wenn ich mir beim Kochen versehentlich mit einem Messer in die Hand schneide, dann gibt es einen Schmerz, der in meinem Gehirn wahrgenommen wird, und zwar durch Nervenzellen, die zur sogenannten Schmerzmatrix gehören. Das sind Nervenzellen des Gehirns und die melden meinem Bewusstsein, meinem Ich: ›Hier ist Schmerz‹. Ein Teil dieser Nervenzellen meldet sich aber auch dann, wenn sich jemand anderes wehtut. Wenn ich sehe, wie sich jemand beim Zwiebelschneiden in die Fingerkuppe schneidet, fährt im selben Moment bei mir ein Schmerz rein, obwohl nur der andere sich wirklich wehgetan hat. Bei dem, der sich verletzt hat, melden sich die Schmerznervenzellen, die in uns das Gefühl von Schmerz verursachen. Beim Beobachter aber werden auch Schmerznervenzellen aktiv und die nennen wir Spiegelnervenzellen. Diese Nervenzellen gehen in Resonanz mit dem, was in einem anderen Körper passiert. Sie geben mir einen automatischen, schnellen, intuitiven Eindruck davon, was in einem anderen Menschen los ist, was er spürt und fühlt.«

Das heißt, ohne dass es uns bewusst ist, befinden wir uns in einem ständigen intuitiven Austausch mit unserer Umwelt?

»Wir stehen unter einem permanenten Einfluss, den die Welt und andere Menschen auf uns ausüben. Es ist ein intuitives Sicheinlassen auf die Welt und andere Menschen. Wenn man sich diese vielen unbewusst ablaufenden, unkontrollierten Prozesse einmal bewusst macht, die speziell zwischen Menschen ablaufen, könnte man Angst kriegen. Aber in der Tat, so ist es. Wir sind permanent einander ausgesetzt. Andere nehmen permanent Einfluss auf uns, ohne dass wir überprüfen können, welchen Einfluss sie da wirklich nehmen. Wir nehmen Einfluss auf andere, das ist ein permanentes Sich-gegenseitig-Beeinflussen. Wir schwimmen quasi im Medium einer gemeinschaftlichen Welt. Was wir als unser ›Ich‹ verstehen, ist nichts Abgegrenztes, das sich vor äußeren Einflüssen schützen lässt. Unser ›Ich‹ ist durchlässig. Wir nehmen beständig von außen auf und wirken selbst ständig in die Welt hinein. Unser ›Ich‹ entwickelt und verändert sich in jeder Sekunde, in der wir leben.«

Was wir unser »Ich« nennen, ist also keine unveränderliche, feste Größe?

»Nein, das ›Ich‹-Gefühl ist keine von einer Betonmauer umgebene Größe, sondern ist immer im Wandel. Ich glaube, dass wir auch mehr beachten sollten, dass unsere Identität – das, was wir als unseren persönlichen Kern ansehen – etwas ist, das sich aus der Summe all der Erfahrungen ergibt, die wir durch Beziehungen gemacht haben. Wenn neue Menschen auftreten in meiner Umgebung, dann wird mein ›Ich‹-Gefühl beeinflusst. Jeder Mensch, der in mein Leben tritt, aktiviert meine Spiegelnervenzellen. Menschen, die viel um uns herum sind, werden, ohne dass wir das wollen, unser ›Ich‹-Gefühl verändern. Wenn am Arbeitsplatz bestimmte Kollegen ihre Schmerzen ständig nach außen tragen, fühlen wir uns irgendwann auch schlecht. Das kann so weit gehen, dass wir die gleichen Schmerzen bekommen wie die Person, die uns das immer so deutlich verkündet. Das zeigt, dass das ›Ich‹ und das, was wir damit fühlen, eine sehr wechselhafte und nicht durch Beton geschützte Sache ist.«

Können wir darauf überhaupt keinen Einfluss nehmen?

»Unser Gehirn besteht aus vielen Milliarden Nervenzellen, die miteinander verschaltet sind, und diese Verschaltungen, die ändern sich fortlaufend, abhängig davon, was wir erleben. Neue Erfahrungen, gute oder schlechte, verändern immer die Verschaltungen unseres Gehirns. Also, alles, was wir im Kontakt miteinander tun, was wir erleben, welchen Lebensstil wir führen, all das verändert unser Gehirn. Deswegen sollten wir ein Auge darauf haben, wie wir leben und mit welchen Menschen wir uns häufig umgeben. Alle diese Beziehungen spielen eine große Rolle. Sie verändern die

Verschaltungen in unserem Gehirn. Ich glaube, es ist deshalb sehr wichtig, dass wir vor allem auch unseren Kindern sagen: ›Was du siehst, hörst und an dich ranlässt, verändert dich. Guck, ob du wirklich alles in dich reinlassen willst.‹ Zum Beispiel den ganzen Horror, den wir auf den Bildschirmen sehen. Wollen wir das wirklich? Ist das erwünscht? Ich finde, es sollte nicht erwünscht sein. Was wir auf Bildschirmen sehen, aktiviert starke Signale für unsere Spiegelnervenzellen. Wir kriegen auf dem Bildschirm das volle Programm eines anderen Menschen ab: Seine Körpersprache und alles, was er sagt, strömen auf uns ein. Das ist ein starker Aktivator für unsere eigenen Spiegelnervenzellen und das verändert uns. Deshalb ist es nicht unproblematisch, wenn junge Leute bis zu acht Stunden am Tag vor Bildschirmen verbringen. Ich weiß nicht, ob das alles gut ist, was sie da in sich reinladen.

Wir haben die Fähigkeit, all das, was intuitiv auf uns wirkt, kritisch zu betrachten, und wir können darauf Einfluss nehmen. Wir können wählen, wovon wir uns beeinflussen lassen. Wir können vergleichen, nachdenken und rational analysieren. Das sollte im Wechselspiel mit unseren intuitiven Fähigkeiten geschehen, und aus diesem Wechselspiel heraus ergibt sich unsere Persönlichkeit. Dieses Zusammenspiel zwischen emotionalem, intuitivem Austausch über die Spiegelneuronen auf der einen Seite und kritischem Analysieren auf der anderen Seite, diese zwei Welten machen die Persönlichkeit eines Menschen aus.«

Uns bleiben also noch Entscheidungsfreiheit und ein freier Wille erhalten?

»Das ist eine berechtigte Frage. Wenn ich so stark in meinen eigenen Empfindungen über das System der Spiegelnervenzellen beeinflusst werden kann, wo bleibt dann der freie Wille? Der freie Wille ist leider auch keine feste Burg, die geschützt ist und von alleine irgendwo in uns ihren Sitz hat. Was man sagen kann: Wir haben in frontaleren Bereichen, also im vorderen Teil unseres Gehirns, Nervenzellenzentren, die in der Lage sind, Dinge kritisch zu beobachten und zu vergleichen. Wir können analytisches Nachdenken in Gang setzen und Abstand herstellen, auch zu den Phänomenen in uns selbst, und uns selbst kritisch betrachten. Diese Begabung, die uns allen gegeben ist, die sollten wir den automatisierten intuitiven Einflüssen entgegenstellen. Wir haben auch das rationale Element in unserem Gehirn, das sollten wir immer wieder mal aktivieren, um zu überprüfen, was im emotionalen, intuitiven Bereich eigentlich in uns passiert.

Die Art, wie wir diesen Prozess, dieses Zusammenspiel von Intuition und Ratio, in uns gestalten, das ist die Möglichkeit der Einflussnahme, die wir haben. Hier kommt unser freier Wille ins Spiel. Wir stehen unter dem permanenten Einfluss, den die Welt und andere Menschen auf uns ausüben. Auf der anderen Seite haben wir die Fähigkeit, mit unserem Frontalhirn diese Einflüsse kritisch zu beobachten und Einfluss auf das zu nehmen, wodurch wir uns beeinflussen lassen. Das ist ein Wechselspiel. Also das intuitive Sich-auf-die-Welt-und-andere-Menschen-Einlassen auf der einen Seite und kritisches Vergleichen, Nachdenken und rationales Analysieren auf der anderen. Es ist wichtig, dass wir uns im Leben immer wieder auf intuitive Erfahrungen einlassen, dass wir auf unsere Gefühle hören, die ausgelöst werden, wenn ein anderer Mensch auftritt, dass wir das auch zulassen. Aber es ist genauso wichtig, dass wir immer wieder einmal innehalten und nachdenken: Was ist jetzt passiert auf dieser emotional-intuitiven Ebene? Wir sollten gelegentlich mit dem Verstand überprüfen, ob Veränderungen, die andere in uns ausgelöst haben, ob die gut für uns sind.«

Dieses Zusammenspiel von Ratio und Intuition, prägt das auch unsere unterschiedlichen Gesellschaften?

»Auch wenn wir auf die menschlichen Zivilisationen als Ganzes schauen, finden wir diese zwei Kräfte: Wir haben auf der einen Seite das Phänomen der Intuition. Es ist das Miteinander-in-Kontakt-Sein ohne bewusstes Nachdenken. Hier überlassen wir uns den automatisierten, intuitiven Veränderungsprozessen, die wir miteinander erleben. Auf der anderen Seite haben wir die Welt des bewussten Nachdenkens, der Ratio, des Planens, des klaren Analysierens und Handelns. Diese beiden Kräfte stehen in einem Spannungsverhältnis zueinander. In früheren Zeiten, im Mittelalter und davor, hatten wir die Welt der Irrationalität. Ich möchte nicht sagen, dass Irrationalität gleichzusetzen ist mit Intuition, aber Intuition hatte in dieser Zeit einen großen Spielraum. Die Intuition konnte bei vielem, was vor der rationalen Phase gesellschaftlich aktiviert wurde, ungeprüft mit reinspielen, mit oft problematischen Folgen.

Wir sollten die Ratio nicht gering schätzen. Sie ist die große Errungenschaft unserer zivilisatorischen Gesellschaften. Auf der anderen Seite spüren wir alle, dass wir nicht nur mit der Ratio leben können. Wir vertrocknen, wenn wir in unsrer Emotionalität zu kurz kommen, wenn wir alles nur noch über die Ratio laufen lassen. Das Schöne, finde ich, ist, dass wir aufgrund der modernen Neuroforschung auch die Intuition ein Stück weit rational verstehen können. Die Intuition bleibt als Phänomen bestehen, aber wir sind ihr nicht mehr staunend ausgeliefert, sondern wir können jetzt das wunderbare Phänomen der Intuition rational verstehen und wissen zumindest teilweise, worum es sich dabei handelt, sodass wir nicht mehr das Gefühl haben müssen, dass die Intuition uns irgendwohin trägt und keinen Sinn macht.

Wir wissen jetzt, dass die Intuition etwas Gutes ist. Sie ist eine andere Art, die Welt und vor allem andere Menschen zu begreifen. Intuition befähigt uns, schnell zu verstehen, was im Innenleben anderer vorgeht. Da hilft uns die Ratio oft sehr wenig. Wir können uns Gedanken machen über andere Menschen. Wir können den toten Leib eines anderen Menschen sezieren. Wir können lebendige Menschen unter den Computertomografen legen, aber bestimmte Eigenschaften des Menschen können wir nur mit der Intuition begreifen. Das sind die Eigenschaften, die mit unseren Gefühlen zu tun haben, die teilen sich nur unserer Intuition mit. Deswegen brauchen wir beides. Den rationalen Ansatz sollten wir hüten wie unseren Augapfel. Wir sollten aber auch unsere Intuition und unsere Emotionalität nicht verkümmern lassen, die es uns möglich machen, emotional zu erleben, mitzufühlen mit anderen Menschen, empathisch zu sein. Beides werden wir brauchen für unsere Zukunft. Wir können als Menschheit nur überleben, wenn wir beide Phänomene einsetzen, sowohl Rationalität als auch Intuition.«

Was schenkt Ihnen Hoffnung, dass uns dies gelingen wird?

»Ich glaube, dass das System der Spiegelnervenzellen ein Aspekt des Grundprinzips der Kooperation in der Natur ist. Es ist eines der vielen Beispiele dafür, dass es in der Biologie darauf ankommt, dass Systeme zusammenwirken und dadurch auch überleben. Von unserer Grundstruktur, von unserer biologischen Konstruktion her sind wir Menschen auf gute zwischenmenschliche Beziehungen ausgerichtet. Das ist das, was uns guttut, was uns gesund sein lässt. Wenn wir im dauerhaften Kampf sind, werden wir krank. Spiegelnervenzellen ermöglichen uns Menschen eine besondere Form sozialer Verbundenheit: Mitgefühl, Empathie. Sie funktionieren aber nur dann, wenn Menschen in der Prägungsphase ihres Lebens, also in ihrer frühen Kindheit, hinreichend gute Beziehungserfahrungen machen konnten und wenn spätere Traumatisierungen nicht zu einer psychischen und neurobiologischen Beschädigung dieser Systeme geführt haben. Denn dann kann uns diese Fähigkeit zu Mitgefühl und Empathie verloren gehen. Aber die Grundstimmung, auf die wir ursprünglich von der Biologie her ausgerichtet sind, ist freundliche Interaktion. Die Theorie, man könnte fast sagen, die Ideologie, dass wir einen Grundtrieb für Aggression haben, lässt sich aus neurobiologischer Sicht nicht bestätigen.«

Das ist aber nicht unbedingt die herrschende Meinung, die sich an Charles Darwins Doktrin vom »Kampf ums Dasein« orientiert?

»Mein Impetus ist nicht pro oder kontra Darwin. Mein Impetus ist, Daten der modernen Wissenschaft zu vermitteln. Wenn ich merke, meine Erkenntnisse stehen im Kontrast zum Prinzip des egoistischen Gens oder zum darwinistischen Grundsatz ›Kampf ist die oberste Maxime des Lebens‹, dann nehme ich dazu Stellung. Es ist übrigens ganz interessant, dass Charles Darwin eine Schrift verfasst hat über die Psychologie des Menschen – *The Expression of the Emotions in Man and Animals*. Er beschreibt darin den einzelnen Menschen und er sagt genau das Gleiche wie die moderne Aggressionsforschung: Aggression ist kein Trieb, sondern ein reaktives, biologisch verankertes Programm, das immer dann aktiviert wird, wenn Menschen mit Gefahr konfrontiert sind. Dann brauchen wir die Aggression, um uns wehren zu können. Aber schon Darwin sagte: ›Der Grundtrieb von uns Menschen ist die Empathie.‹ Da spannt sich ein sehr interessanter Bogen zur modernen Neurobiologie. Wenn Darwin über die Arten als Ganzes sprach, dann hat er allerdings von Kampf gesprochen.«

Darwins Forschung hatte zweifellos große Wirkung. Wie schätzen Sie seine Arbeit ein?

»Darwin war ohne jede Frage einer der großen Naturforscher der Neuzeit. An seiner Abstammungslehre, der zufolge alles Leben auf der Erde durch einen gemeinsamen Entwicklungsstammbaum verbunden ist, kann angesichts einer erdrückenden wissenschaftlichen Datenlage kein Zweifel bestehen. Seine Evolutionstheorie stellte die Erd- und Naturgeschichte erstmals auf eine naturwissenschaftlich begründete Basis. Darwin erkannte, dass sich aus einfachen Formen des Lebens durch Variation, also durch Veränderungen des biologischen Substrats, eine zunehmende Verschiedenartigkeit der Arten des Pflanzen- und Tierreichs entwickelt hat. Darwin formulierte auch das Prinzip der Selektion, da er bei seinen Untersuchungen erkannte, dass zahlreiche Arten, die einst die Erde bevölkert hatten, mittlerweile nicht mehr existierten. Hätte er es dabei belassen, wäre er unumstritten gewesen.

Doch Charles Darwin betrachtete Aggression als ein Grundgesetz der Natur. Der von Lebewesen gegeneinander geführte Überlebenskampf war für ihn das alles andere dominierende biologische Prinzip. Der Stellenwert der Aggression muss jedoch heute neu bestimmt werden. Nicht Kampf und Aggression, sondern Kooperation und ihr dienende Aggression stellen die optimale Lebensstrategie dar, das zeigen moderne neurobiologische und psychologische Studien.«

Wo genau lag Darwin Ihrer Meinung nach falsch?

»Darwins Modell übersieht die grundlegende Bedeutung des am Anfang aller Biologie stehenden Phänomens der Kooperation. Darwin bezeichnete das Geschehen innerhalb der Pflanzen- und Tierwelt als ›Krieg‹, als ›war of nature‹. Der gegeneinander geführte Kampf war für ihn das entscheidende Element der natürlichen Selektion und die unabdingbare Voraussetzung für die Entwicklung von niederen zu höheren Arten. Eine Weiterentwicklung zu noch höheren Stufen des Lebens setzte für ihn das Fortbestehen des Kampfes voraus. Diese Prinzipien sollten nach Darwin auch das Leben des Menschen bestimmen, sowohl im Hinblick auf die Beziehung des Menschen zu anderen Arten als auch hinsichtlich der Beziehung der menschlichen ›Rassen‹ untereinander. Aufgrund der durch ihn verursachten Einengung des Denkens ist der Darwinismus zu einer Art Albtraum geworden, von dem wir uns befreien sollten.

Das große Rätsel der Biologie ist, warum anorganische,

also unbelebte Moleküle einst eine Tendenz zur Bildung lebender Urstrukturen hatten und wie sich aus einfachen biologischen Systemen komplexere Systeme, also Lebewesen, entwickeln konnten. Diese Fragen sind mit Darwins Prinzipien der Variation und Selektion und dem von ihm ins Zentrum gestellten Kampf ums Dasein nicht zu beantworten. Nicht der Kampf ums Dasein, sondern Kooperation, Zugewandtheit, intuitive Spiegelung und Resonanz sind das Gravitationsgesetz biologischer Systeme. Im Zentrum der gesamten Biologie stehen wechselseitige Beziehung und Kooperation. Für uns Menschen bedeutet dies: Kern aller Motivation ist es, zwischenmenschliche Anerkennung, Wertschätzung, Zuwendung oder Zuneigung zu finden und zu geben. Wir sind – aus neurobiologischer Sicht – auf soziale Resonanz und Kooperation angelegte Wesen.«

Von dem Quantenphysiker Niels Bohr gibt es die Aussage: »Das Teil hat für sich allein keine Bedeutung, sondern nur in Verbindung mit dem Ganzen.« Gilt das auch für die Biologie?

»Was wir Genforscher schon länger wissen, ist: Gene alleine können überhaupt nichts. Jedes Gen kann nur aktiv werden, wenn es in einer kooperativen Interaktion mit zahlreichen weiteren Molekülen steht. Wenn diese Interaktion nicht gegeben ist, dann ist ein Gen machtlos. Das zeigt sich auf allen Ebenen: Das starke Alphatier, das sich beim Kampf um die besten Weibchen gegen alle Konkurrenten durchsetzen konnte, wäre – trotz aller Gene – nicht zu einem solchen Exemplar geworden, hätte es als Säugling nicht Förderung und als Jungtier nicht die Möglichkeit gehabt, seine kämpferischen Begabungen durch Lernen und Üben erst einmal zur Entfaltung zu bringen. Jungtiere und Menschen, die früh nach der Geburt sozial isoliert werden, zeigen trotz ausreichender Ernährung durchweg massive seelische und körperliche Beeinträchtigungen, entwickeln ein gestörtes und sozial inkompetentes Verhalten. Jungtiere gehen daran häufig ein, und auch für Säuglinge kann dies den Tod bedeuten. Da helfen alle guten Gene nichts. Falls sich zur genetischen Ausstattung eines Menschen die notwendigen Umweltbedingungen hinzugesellen, ist er ein aufgrund körpereigener Systeme intuitiv in Richtung Kooperation und Menschlichkeit ausgerichtetes Wesen.«

Die größte Entscheidung deines Lebens liegt darin,
dass du dein Leben ändern kannst,
indem du deine Geisteshaltung änderst.
ALBERT SCHWEITZER

An der Universität Zürich treffen wir die deutsche Neurowissenschaftlerin und Psychologin Professor Dr. Tanja Singer. Sie leitete hier den neu gegründeten Lehrstuhl für Soziale Neurowissenschaften. 2010 wurde sie dann Direktorin am Max-Planck-Institut für Kognitions- und Neurowissenschaften in Leipzig. Tanja Singer ist eine Expertin auf dem Gebiet der Empathieforschung:

»Ich habe einfach eine Leidenschaft für das Thema Empathie und soziales Miteinander. Vielleicht rührt dieses Interesse schon daher, dass ich als eineiiger Zwilling geboren wurde. Ich bin quasi als ein ›Wir‹ zur Welt gekommen, nicht als ein ›Ich‹. Ich hatte auch schon lange das Gefühl, dass sich unsere Gesellschaft zu sehr auf den Einzelnen konzentriert. Mein Ziel ist, zu erforschen, wie wir uns im Zusammenleben verhalten. Die Idee hinter den Sozialen Neurowissenschaften ist folgende: Wir untersuchen nicht mehr nur, wie der Einzelne denkt und fühlt, sondern wir untersuchen, wie unser Gehirn weiß, was andere denken und fühlen. Wir leben in einer Gesellschaft und repräsentieren immer auch das, was andere denken und fühlen. Mein Gefühl sagt mir, wenn wir verstehen wollen, wie wir Menschen funktionieren, müssen wir auch den sozialen Kontext verstehen. Deshalb habe ich angefangen, die sozialen Aspekte in die Neurowissenschaften, also die Hirnforschung, einzuführen.«

Wie macht man das?

»Das ist gar nicht so einfach. Wir arbeiten mit Scannern, die uns Gehirnaktivitäten anzeigen. Die Menschen liegen in Röhren. Das ist erst mal nicht sonderlich sozial. Man muss clevere Experimente anwenden, um die soziale Realität auch in einer Scanner-Umgebung abzubilden. In einem der klassischen Empathie-Experimente ist es so, dass wir Paare bitten, sich gemeinsam in einen Scanner zu legen. Dann erhält die Frau Schmerzreize und der Mann, der daneben liegt, nicht, oder umgekehrt. So kann man messen, welche Hirnaktivierungen wach werden, wenn wir selber Schmerz empfinden, und im Vergleich dazu diejenigen, wenn wir den Partner sehen, der Schmerz empfindet. Hier zeigt sich, was wir Empathie nennen: das Mitfühlen und Mitleiden mit jemandem, der Schmerz empfindet. Wir konnten so zeigen, dass das Hirn das tatsächlich aufnimmt, dass wir eigentlich die ganze Zeit in Resonanz sind mit anderen Menschen und mit ihnen mitschwingen. Wenn sie leiden, dann repräsentiere ich das in meinem Gehirn in genau den gleichen Netzwerken, in denen ich auch mein eigenes Leiden verarbeite.

Aber ich aktiviere beim Zusehen nicht die gesamte Schmerzmatrix. Wir fühlen nicht wirklich den gesamten Schmerz. Aber wir aktivieren das Gefühl, das wir haben, wenn wir Schmerzen erleiden. Den Bereich, der in unserem Gehirn dabei aktiv wird, nennen wir ›Insula‹. Das sind zwei Lappen in der Mitte des Gehirns. Hier laufen Informationen zusammen, über alles, was im Körper vor sich geht. Alle körperbezogenen Emotionen werden in dieser Insula, oder Insel, registriert: Mein Magen zieht sich zusammen, mein Herz fängt an zu rasen, meine Atmung wird schneller. Ich habe einen Körper, also fühle ich. Ohne diese Insel in unserem Gehirn könnten wir diese Körperreaktionen nicht fühlen. Hier registrieren wir auch das, was wir Bauchgefühl nennen. Wir sagen dann: ›Das fühlt sich gut an oder das fühlt sich schlecht an.‹ Wir haben auch herausgefunden, um Empathie entwickeln zu können, muss man erst einmal in Kontakt mit seinen eigenen Gefühlen sein. Wenn du deine eigenen Gefühle nicht kennst, kannst du nicht wissen, was der andere fühlt.«

Also kann man unsere Fähigkeit zu Intuition in dieser Hirnregion verorten?

»Für mich gibt es einen Unterschied zwischen Intuition und Bauchgefühl. Eine Intuition, bei einem guten Arzt oder irgendeinem Experten auf seinem Gebiet, muss nicht unbedingt über das Bauchgefühl gehen. Intuition braucht nicht immer ein Gefühl im Körper. Intuition kann einfach unbewusstes Wissen sein. Ich interessiere mich mehr für die Bauchgefühle, weil der Körper so unglaublich viel Wissen enthält, das über den Kopf nicht abgerufen werden kann. Wir würden meist bessere Entscheidungen fällen, wenn wir auf diese Körpergefühle mehr achten würden, und ich glaube, je besser wir unsere eigenen Gefühle kennenlernen, umso besser wird auch automatisch unsere Fähigkeit zu Empathie. Wenn wir mehr auf unser Bauchgefühl hören, dann trainieren wir auch automatisch unser Verständnis für andere Menschen. Wir werden empfindsamer für das, was sie fühlen und wollen, und dafür, welche Bedürfnisse sie haben. Wenn wir wieder eine bessere Verbindung zu unserem eigenen Körper haben, wirkt sich das auf unser Zusammenleben mit anderen Menschen aus.

Wir achten in unserer Kultur leider nicht so auf unsere Körpersinne. Da spiegelt sich noch immer diese Trennung zwischen Körper und Geist, die auf Descartes zurückgeht, der meinte: ›Hier gibt es den Körper und hier den Geist, und beide haben nichts miteinander zu tun.‹ Aber so ist es nicht. Anstatt ›Ich denke, also bin ich‹, würde ich eher sagen: ›Ich fühle, also bin ich‹. Wir wissen, dass es ein ›Ich‹ gibt, weil wir ständig Informationen vom Körper, von Herz, Lunge, Bauch bekommen. Wir fühlen, es verändert sich etwas in unserem Körper. Und vor allem bei komplexen Entscheidungen helfen uns diese Informationen des Körpers. Diese Insula in unserem Gehirn sammelt die Informationen, die über unseren Körper eingehen. Und in ungewissen Situationen kommt sie wieder ins Spiel. Wenn wir uns fragen: ›Soll ich das machen oder doch lieber Abstand davon nehmen?‹, dann geht diese Frage durch unseren Körper. Die Bauchgefühle geben uns Information darüber, wie sich mögliche Entscheidungen anfühlen könnten. Sie lassen uns spüren: Wenn du so handelst, könnte die Konsequenz für unseren Körper das und das sein. Es ist wie ein kleines Modell. Wir ahnen dann: So wird sich das anfühlen. Und dann sagen wir: ›Das ist gut‹ oder ›Das mache ich lieber nicht‹.«

Können wir das alle?

»Ich sage immer, ein Psychopath beispielsweise ist sehr gut darin, andere zu verstehen, aber er empfindet nicht, keine eigenen Gefühle und auch keine Empathie. Wir haben viele Experimente gemacht und die Frage untersucht: Fühlen wir immer Empathie, wenn wir jemanden leiden sehen? Wir haben gesehen, dass es hier große Unterschiede geben kann. Wir haben mit den Probanden zum Beispiel vor der Untersuchung im Scanner spieltheoretische Austauschspiele gemacht, bei denen es darum geht, ob man sich fair zum Mitspieler verhält oder nur auf seinen Vorteil bedacht ist. Wenn unfaire Spieler das ganze Geld einsacken, da fängt man wirklich an, die nicht zu mögen, man findet sie plötzlich sogar körperlich hässlich. Auf der anderen Seite beginnen wir diejenigen, die uns fair behandeln, richtig zu lieben. Das haben wir immer wieder zeigen können. Die werden sogar als körperlich attraktiver beschrieben. Ich sage immer, das ist die nächste Form von Schönheitschirurgie. Wenn man dann nach so einem Spiel Versuche im Scanner macht, zeigt sich – und das vor allem bei Männern –, dass sie keine empathischen Hirnreaktionen für das Leiden des anderen mehr aufweisen. Im Gegenteil, wenn sie einen unfairen Spieler leiden sehen, dann werden plötzlich Areale im Gehirn aktiviert, die für das Belohnungssystem relevant sind. Das ist dieselbe Empfindung, als würden wir Schokolade bekommen. Die Versuchspersonen haben sich gefreut,

wenn der Unfaire bestraft wurde. Das nennen wir ›Schaden-
freude‹. Unser eigentlich emphatisches System wird dann
überschrieben durch ein scheinbar noch stärkeres Motiva-
tionssystem: das Bedürfnis nach Rache.«

Ist unsere Fähigkeit zu Empathie also doch nicht der Kern
unseres Menschseins?

»Das ist eine große Frage, der wir hinterher sind. Wie lässt
sich Empathie auch für Menschen entwickeln, die man nicht
mag, die nicht zur eigenen Kleinfamilie, zum gleichen Fuß-
ballverein oder zum gleichen Staat gehören, sondern scheinbar außerhalb des ›Ich‹-Systems stehen? Wir lassen uns bei
der Suche nach Antworten von unterschiedlichen Traditionen inspirieren. Ich arbeite dabei mit Psychologen zusammen, mit Therapeuten, aber auch mit buddhistischen Mönchen, die seit Jahrtausenden über ihre Meditationspraxis
Mitgefühl trainieren. Es zeigt sich immer wieder das gleiche
Prinzip: Fang bei dir selbst an! Man muss immer erst sein
eigenes Körperbewusstsein, sein eigenes Bauchgefühl trainieren, bevor man sich anderen zuwenden kann. Es macht
keinen Sinn, Mitgefühl für andere zu trainieren, wenn man
sich selbst gar nicht spürt.

Die Erfahrungen aus dem Buddhismus sind dabei für uns
sehr interessant, weil sich der Buddhismus in gewisser Weise auch als Wissenschaft empfindet. Es gibt eine religiöse
Seite, aber auch eine wissenschaftliche. Wobei es beim wissenschaftlichen Aspekt weniger um objektive Erkenntnisse
geht, sondern um Introspektion, also darum, die eigene In-
nenwelt zu erforschen. Die Buddhisten machen dabei auch
Experimente. In Gruppen und über Jahre hinweg untersuchen sie: Was passiert, wenn ich das und das mache? In was

für Bewusstseinsstufen komme ich dabei? Welche Gefühle löst das in mir aus und wie kann ich sie in mir regulieren?

Für uns westliche Emotionsforscher ist das sehr interessant. Wir kommen sogar zu ähnlichen Erkenntnissen: Ein Konzept innerhalb der buddhistischen Philosophie ist die Interdependenz, die Abhängigkeit von allen mit allem. Wir im Westen glauben meist, wir seien vereinzelte Wesen. Wir haben eine Schere im Kopf, die uns von allem abtrennt. Dann laufen wir als Egos durch die Welt und meinen, wir hätten nichts mit den anderen zu tun. Die Neurowissenschaften haben uns aber gezeigt, dass die Interdependenz, die gegenseitige Abhängigkeit, von der die Buddhisten sprechen, sogar im Labor messbar ist. Es ist das, was wir emotionale oder intuitive Ansteckung nennen. Man kann das sogar an den Pupillengrößen messen: Wenn Sie traurig werden, dann verändert sich Ihre Pupillengröße. Wenn ich Ihnen dann ins Gesicht gucke, verändert sich meine Pupillengröße mit. Das zeigt, wie verbunden wir sind, auf einem ganz unbewussten Level. Aber das sehe ich noch nicht als Empathie, als Mitgefühl, dazu gehört mehr.«

Was ist der Unterschied?

»Emotionale Ansteckung kennen wir von Geburt an. Wenn Babys im Krankenhaus in ihren Krippen liegen und eines fängt an zu schreien, schreit oft die ganze Babyabteilung mit. Das ist emotionale Ansteckung, ähnlich wie bei den sich unbewusst ändernden Pupillengrößen. Mitgefühl entwickelt sich erst später, so im Alter von eineinhalb bis zwei Jahren. Ein Baby trennt noch nicht zwischen Selbst und Umwelt. Das entwickelt sich erst nach einigen Monaten. Solange ich nicht weiß, dass ich anders bin als Sie, kann ich keine Gefühle für Sie haben. Ein Baby muss erst begreifen: Das bin ich, und das ist meine Mama, die leidet jetzt, aber das sind nicht meine Gefühle. Auch diese Fähigkeit entwickelt sich relativ früh. Komplexere Sachen, etwa die Fähigkeit, sich in andere hineinzuversetzen, oder Mitgefühl für Fremde, das muss sich erst später entwickeln. Biologisch eingebaut ist, dass wir mitfühlen mit der Mama, dem Papa, später dann mit dem eigenen Kind. Aus buddhistischer Sicht hat das aber noch nicht wirklich etwas mit Empathiefähigkeit zu tun. Erst wenn wir Hass und Ärger umwandeln können in Mitgefühl, erst dann fängt die höhere Schule an, und was dabei im Gehirn vor sich geht, versuchen wir Neurowissenschaftler nun zu verstehen.«

Können Sie schon etwas darüber sagen?

»Was besonders auffällig ist: Wenn wir ›normale‹, nicht trainierte Menschen bitten würden, sich in den Scanner zu legen, und sie dann aufforderten, in 90 Sekunden in den Zustand von unkonditionierter Liebe zu gehen, dann würden die sagen: ›Wie bitte? Wie soll ich das machen?‹ Wenn wir sagen: ›Stellen Sie sich Ihre Frau vor und versuchen Sie, das Gefühl von Liebe zu entwickeln‹, dann kommt die Antwort: ›Das geht doch nicht auf Knopfdruck‹. Wir in unserer Gesellschaft glauben, dass das Gefühl von Liebe entweder spontan da ist oder eben nicht da ist. Dass man dieses Gefühl kultivieren kann, dass man es trainieren kann, wie man einen Muskel im Fitnessstudio trainiert, das ist uns meist fremd. In asiatischen Traditionen ist es normal, dass man sein eigenes Innenleben und auch die Gefühle kultivieren kann.

Eines meiner besten ›Versuchskaninchen‹ ist Matthieu Ricard. Er war selbst westlicher Wissenschaftler und ist nach Jahrzehnten als buddhistischer Mönch auch ein Meditationsweltmeister. Matthieu Ricard ist ein echter Künstler, wenn es darum geht, in emotionale Zustände auf Kommando rein- und rauszugehen, sodass wir die Veränderungen, die dabei im Gehirn vor sich gehen, unter dem Scanner beobachten können. Wenn ich Matthieu Ricard bitte, in das Gefühl unkonditionierter Liebe zu gehen und kurz darauf in das Gefühl von Leiden zu wechseln, dann kann er das, weil er das über Jahrzehnte trainiert hat. Wir haben dabei zwei Dinge gelernt: Erstens, welche Übungen er benutzt, um diese Fähigkeiten zu kultivieren, und nicht nur er, sondern die gesamte Tradition des Buddhismus. Zweitens, wie die Muster im Hirn aussehen, die diesen Emotionen von Liebe oder Mitgefühl zugrunde liegen.

Als nächsten Schritt versuchen wir, daraus zu lernen und ganz normalen Sterblichen, wie wir es sind, durch Training beizubringen, in sich positive Gefühle zu aktivieren. Und es gibt erste Anzeichen dafür, dass das durchaus funktioniert. Eine Idee für die Zukunft wäre, das auch in Schulen einzuführen. Warum soll man Kindern nur Wissen eintrichtern und nicht auch die Fähigkeit vermitteln, wie sie mit den eigenen Emotionen umgehen können? Mein Bauchgefühl sagt mir, dass das gut wäre.«

Die Bewegung des Lebens ist Lernen.
Gautama Buddha

Es ist wie die Erinnerung an ein anderes Leben: Als junger Mann studierte Matthieu Ricard Molekularbiologie am berühmten Institut Pasteur in Paris. Sein Doktorvater war

François Jacob, ein Nobelpreisträger. Seit beinahe 40 Jahren lebt Dr. Matthieu Ricard nun aber vorwiegend in Nepal als buddhistischer Mönch. »Wenn ich frühmorgens auf der Wiese vor meiner Einsiedlerhütte sitze«, erzählt er, »habe ich über Hunderte von Kilometern hinweg die in den Himmel ragenden Gipfel des Himalaja vor mir, die beim Sonnenaufgang erglühen. Die stille Schönheit der Landschaft wird dann oft ganz natürlich und übergangslos eins mit dem Frieden in mir. Wenn du morgens um vier Uhr aufwachst, weißt du, der Tag wird voller Meditation und spiritueller Übungen sein. Nichts wird dich stören. Nicht nur an diesem Tag, sondern die ganze Woche, den ganzen Monat, das ganze Jahr. Wenn du dann nach vorne schaust, ist es, wie auf eine goldene Insel zu kommen.«

Inzwischen hat die westliche Wissenschaft Matthieu Ricard wieder für sich entdeckt: Endlose Stunden verbrachte er in den Röhren verschiedener Labors und Institute, die mit modernsten Geräten seine Hirnaktivität analysierten, während er Meditation praktizierte. Als erste Ergebnisse dieser Untersuchungen veröffentlicht wurden, hatte die Presse schnell ein Schlagwort parat: »Der glücklichste Mensch der Welt«.

»So eine flapsige Formulierung macht schnell die Runde und breitet sich aus. Aber natürlich macht sie aus wissenschaftlicher Sicht nicht wirklich Sinn«, sagt Matthieu Ricard mit einem Lächeln, als wir ihn bei einem Treffen in London darauf ansprechen. »Der Dalai Lama bat einige Mönche, mit Wissenschaftlern aus Europa und den USA zusammenzuarbeiten. Ich war einer von ihnen und verbrachte wahrscheinlich mehr als 100 Stunden in solchen Röhren. – Was dabei herauskam? Es zeigte sich, dass bei Meditation sogenannte Gamma-Wellen im Gehirn die Führung übernehmen. Das sind schnelle, hochfrequente Hirnströme. Sie zeigten sich in einer Intensität, die Wissenschaftler zuvor noch nicht gesehen hatten.«

Die Frequenz der Hirnströme hat etwas zu tun mit den geistigen Zuständen, in denen wir uns befinden. Niederfrequente Delta-Wellen etwa charakterisieren den Tiefschlaf. Sogenannte Alpha-Wellen kennzeichnen einen entspannten Wachzustand. Gamma-Wellen begleiten vor allem geistige Höchstleistungen. Sie tauchen in der Regel in Momenten höchster Konzentration in unserem Gehirn kurz auf. Bei Matthieu Ricard und den anderen Mönchen aus Tibet, die teilweise mehr als 50 000 Stunden Meditationserfahrung mitbrachten, zeigte sich im Hirnscanner, dass verschiedene Bereiche ihrer Gehirne im Rhythmus der Gamma-Wellen synchronisiert waren. Die Mönche selbst erlebten in den engen, piependen Versuchsröhren Zustände von Ruhe und Glück. Die Mönche um Matthieu Ricard erwiesen sich dabei als wahre »Olympioniken der mentalen Arbeit«. Die Hirnforscher begannen zu spekulieren, dass die hohe Synchronizität der Gamma-Wellen im Gehirn der Meditierenden ein Zeichen für Glückszustände sei.

»Meditation heißt nicht, unter einem Mangobaum zu sitzen und eine nette Zeit zu haben«, führt Matthieu Ricard aus. »Es ist alles andere als Entspannung. Bei Meditation geht es um eine tiefe Veränderung des Seins. Auf längere Sicht wird man eine andere Person, und das zeigen auch die Ergebnisse der Hirnforschung. Wenn man in diesen dunklen Röhren liegt, ist das normalerweise gut fürs Einschlafen, aber nicht unbedingt für Meditation. Trotzdem konnten wir sehr gut von neutralen Bewusstseinszuständen, in denen man nichts tut, in die Meditation wechseln und Zustände klaren Bewusstseins erzeugen, die sich von Bewusstseinszuständen untrainierter Personen klar unterscheiden. Die Veränderungen, die dabei im Gehirn vor sich gingen, wurden im Labor deutlich sichtbar.

Für mich genauso interessant war aber, dass auch bei Meditations-Anfängern rasch Veränderungen im Gehirn zu erkennen waren, wenn sie damit begannen, regelmäßig zu meditieren. Das halte ich für sehr wichtig, denn nur wenige Menschen werden in ihrem Leben 50 000 Stunden meditieren können. Aber fast jeder kann über einen gewissen Zeitraum 20 Minuten am Tag für Meditation aufbringen. Die Forschung zeigte: Auch das bringt klar nachweisbare Vorteile mit sich. Die Verschaltungen in unserem Gehirn sind nicht fixiert. Niemand muss auf Dauer der bleiben, der er heute ist. Vor allem die Fähigkeit zu Aufmerksamkeit verbesserte sich durch die Meditation auch bei Anfängern signifikant. Aber es zeigten sich auch körperliche Veränderungen: Der Blutdruck konnte gesenkt werden, Stresssymptome nahmen ab. Insgesamt fühlten sich die Meditierenden schon nach relativ kurzer Zeit wohler und ausgeglichener.«

Wie ist das zu erklären?

»Bei der Meditation geht es darum, seinen Geist zu zähmen und zu verstehen, wie er die Welt wahrnimmt. Über die Schulung der Achtsamkeit kann man langsam in die Tiefen des Geistes vordringen. Wenn man alles, was den Geist bewegt, nur beobachtet, ohne darüber nachzudenken, dann wird einem irgendwann gewahr, dass unser reiner Geist einfach diese Fähigkeit ist, zu erkennen und wahrzunehmen. Diese Fähigkeit, wahrzunehmen, ist ursprünglich unabhängig von all den Gedankenkonstruktionen und Emotionen, die wir normalerweise mit unseren Wahrnehmungen verbinden. Die Erfahrungen, die wir dabei machen, lassen all die Ideen und vorgefassten Meinungen, die wir uns über die Welt und uns selbst gemacht haben, in nichts aufgehen. Wir werden letztlich mit der wahren Natur unseres Geistes konfrontiert.«

Bringt uns Meditation auch der Fähigkeit zur Intuition näher?

»Wenn man unter Intuition eine direkte, unmittelbare Erfahrung versteht, dann schon. Intuition im besten Sinne bedeutet für mich, sich ganz tief hineinzubegeben in die Natur des eigenen Geistes. Das heißt, sich frei zu machen von allen Vorstellungen und konstruierten Überlagerungen der Wirklichkeit. Intuition heißt, tief in sich selbst nachzuspüren, was dem Leben Sinn verleiht und zu unserem Glück beiträgt und auch zum Glück der anderen. Wenn das einmal klar ist, dann kann Vertrauen wachsen. Dann gewinnt das Leben Richtung, wie ein Pfeil, der auf ein Ziel zufliegt. Es entsteht das Gefühl, mit sich im Frieden zu sein. Das schenkt einem das Selbstvertrauen, gerüstet zu sein für all die Höhen und Tiefen, die einem auf dem Lebensweg begegnen. Echte, klare Intuition schenkt einem das Vertrauen, dass man in sich selbst alle notwendigen Ressourcen hat.

Ich fürchte aber, vor allem im Westen verstehen manche Menschen unter Intuition etwas anderes. Sie verstehen darunter Ideen, die von irgendwoher aus dem Blauen zu ihnen kommen und die sie dann für absolut wahr halten. Aber das ist etwas ganz anderes als die Intuition, die sich durch Aufmerksamkeitstraining in der Meditation entwickelt.

Ein bekannter Hirnforscher, mit dem ich befreundet bin und viel gearbeitet habe, ist Richard Davidson. Er leitet ein großes Labor in den USA, in Madison, Wisconsin. Als wir bei ihm waren und die Experimente machten, fragte ein Journalist, ob das unbewusste Prozesse sind, die im Gehirn der Meditierenden ablaufen. Richard Davidson sagte zu ihm: ›Seien Sie vorsichtig, wenn Sie das Wort ‚unbewusst‘ in Zusammenhang mit diesen Leuten verwenden. Denn es bleibt nur sehr wenig unbewusst, wenn man im Zustand reiner Aufmerksamkeit verweilt, in reiner Achtsamkeit.‹

Ich denke, das ist völlig richtig. Bei wirklicher Achtsamkeit, einer offenen, wachen Präsenz, werden all die mentalen Vorgänge in uns viel transparenter. Man kann dann den Fluss des Denkens bis zur Quelle zurückverfolgen. Man erkennt ganz klar, wie ein Gedanke auftaucht, wie er sich vervielfacht, und wenn es Gedanken sind, an die sich negative Emotionen anhaften wie Ärger, Neid oder ein gieriges Habenwollen, dann lässt man sie wieder gehen. Man verabschiedet die Gedanken gleich zu Beginn in die Weiten des Universums, bevor sie unseren Geist überwältigen und uns beherrschen. In diesem Sinne sollte dieser unbewusste Aspekt, der oft mit Intuition assoziiert wird, in jemandem, der viel Meditationserfahrung hat, keine große Rolle spielen. Wenn man unter Intuition ein klares, sicheres, unzweifelhaftes, unverblendetes inneres Wissen versteht, dann kann Meditation den Weg dahin eröffnen. Alles beginnt mit einem klaren Verständnis der Natur unseres Geistes. Dann sieht man auch, was zu Leid führt und was zu Glück.«

Wie findet man zu diesem reinen Geist, zu diesem sicheren intuitiven Wissen?

»Normalerweise sind wir die Sklaven unseres Gedankenflusses und unserer Emotionen. Sie sind uns bewusst, aber wir haben keine Kontrolle über sie. Eigentlich wollen wir uns alle nicht von Gefühlen wie Hass, Gier, Eifersucht oder Ähnlichem überwältigen lassen, aber die meisten Menschen sind einfach nicht Herr über ihren Geist. Das erfordert eine Mischung aus Aufmerksamkeit und Training. Zuerst einmal muss man anerkennen, dass gewisse Emotionen, wie etwa Hass, tatsächlich destruktiv sind und andere, wie etwa Liebe oder Mitgefühl, aufbauend. Aufbauend in dem Sinn, dass sie einfach glücklicher machen.

Wenn man also einmal verstanden hat, dass Hass zu nichts anderem führen kann als zu Leiden, für sich und für andere, dann kann man sich die Frage stellen: Wie kann ich den Hass loswerden? Es gibt verschiedene Möglichkeiten. Eine davon ist, sich auf den Gegenpol zu fokussieren, so wie Feuer und Wasser, Licht und Dunkelheit. Es kann immer nur eines sein. Wir können nicht zugleich hassen und voller Mitgefühl sein. Wenn man seinen Geist auf Liebe und Mitgefühl fokussiert, ist für Hass einfach kein Platz mehr. Man muss das rechte Gegenmittel zum zerstörerischen Gefühl finden und dieses Gegenmittel kultivieren. Aber das ist nur eine Methode. Wir können auch bei allem, was wir tun, immer unsere Motivation prüfen. Ist sie egoistisch oder selbstlos? Kurz- oder langfristig? Zum Wohl eines, mehrerer oder aller Lebewesen? Das ist die einfachste Möglichkeit zu überprüfen, ob eine Handlung angemessen ist oder nicht.«

Was ist die grundsätzliche Motivation auf dem buddhistischen Weg?

»Es geht darum, das Leiden zu überwinden. Und darum geht es für alle, nicht nur für Buddhisten. Der Dalai Lama sagt oft: ›Wir sind alle Menschen mit den gleichen Emotionen und Hoffnungen.‹ Niemand wacht am Morgen auf und wünscht sich, den ganzen Tag über unglücklich zu sein. Jeder will im Grunde glücklich sein. Unsere Intuition schenkt uns eine Ahnung von Glück. Im Buddhismus nennen wir das Buddha-Natur. Es ist ein Name für die unverdorbene, klare, fundamentale, ursprüngliche Natur unseres Geistes. Das ist nicht irgendeine naive Vorstellung von Gutsein. Es ist etwas, was auf Erfahrung beruht. Denn hinter all den Schichten unserer Gedanken verborgen finden wir das reine Gewahrsein. Es ist wie Licht, das alles zum Vorschein bringt. Wie Licht nicht verschmutzt, auch wenn es Müll und Unrat erhellt, so ist auch das reine Gewahrsein im Grunde immer rein. Man kann das wirklich erfahren. Es ist nicht nur eine nette Idee. Es ist die grundlegende Natur unseres Bewusstseins. Das hat eigentlich mit Buddhismus nichts zu tun, sondern gilt für alle Menschen. Es ist ja auch in der Wissenschaft so, wenn etwa ein japanischer Physiker ein neues Elementarteilchen entdeckt, dann gibt es dieses nicht nur in Japan. Dann existiert es oder es existiert nicht. Das gilt auch für das reine Bewusstsein. Es ist die Erkenntnis von 2500 Jahren kontemplativer Wissenschaft im Buddhismus.

Im Buddhismus geht es nicht darum, künstliche Wirklichkeiten herzustellen. Es geht darum, tiefer in die Wirklichkeit einzudringen. Deshalb hatte ich als Buddhist auch niemals ein Problem, mit der Wissenschaft im Dialog zu sein. Es geht nicht darum, etwas zu glauben, was nicht mit der Realität in Einklang zu bringen ist. So kann man sagen, die Intuition, dass Glück möglich ist, ist die Motivation, sich auf den Weg zu machen. Dann werden wir uns schrittweise immer mehr bewusst, dass wir das Potenzial zu Glück wirklich in uns haben. Wir müssen dazu nur aufräumen in unseren inneren Landschaften. Wir müssen die Ursachen für unser Leiden erkennen und dann dieser Erkenntnis entsprechend handeln. Die Tradition des Buddhismus zeigt uns, dass es tatsächlich möglich ist, glücklich zu sein.«

Sind Sie auch Ihrer Intuition gefolgt, als Sie sich als junger Mann auf diesen Weg machten?

»Ich weiß nicht, Intuition kann ja vieles bedeuten. Mit 20 Jahren wusste ich noch nicht unbedingt, was ich wollte, aber ich wusste, was ich nicht wollte: Ich wollte kein bedeutungsloses, langweiliges Leben führen. Aber was es für Alternativen gibt, war mir noch nicht klar. Ich hatte in jungen Jahren noch nicht diese lebenden Vorbilder getroffen, die später so wichtig für mich wurden. Ich habe auch in Frankreich interessante Menschen kennengelernt. Mein Vater war ein bekannter Philosoph. Viele Persönlichkeiten der französischen Intelligenzija waren bei uns zu Hause zu Gast, und ich habe einige kennengelernt: große Mathematiker oder Musiker. Das war alles sehr interessant. Meine Mutter ist Malerin, und ich lernte die meisten großen Künstler unserer Zeit kennen. Ich hätte gerne das individuelle Genie von einigen dieser Persönlichkeiten gehabt. Ich hätte auch gerne so gut Schach gespielt wie Bobby Fischer oder so gut Klavier wie Swjatoslaw Richter, trotzdem hätte ich mit niemandem wirklich tauschen wollen. Obwohl sie irgendwie alle wunderbare Menschen waren, waren die meisten doch schwierige Charaktere und meistens ziemlich unglücklich.

Als ich dann zum ersten Mal nach Indien reiste und diese großen tibetischen Meister kennenlernte, die gerade vor dem kommunistischen Regime der Chinesen geflohen waren, da war nicht wichtig, wie viel sie über tibetische Poesie oder Geschichte wussten. Aber was sofort klar war: Hier waren außergewöhnlich weise, gutherzige Menschen vor mir mit fast unglaublichem Mitgefühl, mit Liebe und Freundlichkeit und großer innerer Stärke. Sodass ich mir sagte: ›Wenn ich nur ein wenig wie sie werden kann, dann hat mein Leben einen Sinn.‹ Vielleicht war es auch eine Art Intuition, die mich auf den Weg brachte. Aber vor allem waren es diese menschlichen Vorbilder, die mir zeigten, wohin der Weg der Transformation letztlich führen kann, was uns Menschen möglich ist.«

Müssen wir die Fesseln des Denkens sprengen, um dahin zu kommen?

»Erleuchtung steht nicht im Widerspruch zum Denken, sie überwindet nur seine Begrenzungen. Um die Natur unseres Bewusstseins wirklich zu verstehen, müssen wir den Panzer unserer geistigen Konstrukte sprengen. Man kann sich endlos der Beschreibung der Eigenschaften der materiellen Welt widmen, doch das direkte und vollständige Begreifen der wirklichen Natur der Dinge gelingt nicht durch endlose Addition immer neuer Entdeckungen oder mathematischer Aussagen. Solange wir in den Fängen unseres linearen Denkens bleiben, ist es für das Bewusstsein nicht möglich, unsere wahre Natur zu durchschauen. Dann bleibt unser Verstehen immer unvollständig. Wir müssen den ganzen Wust abwerfen, um das Herz der Dinge zu erfahren. Nur so durchschauen wir letztlich unser fragmentiertes, alles in Bruchstücke zerteilendes Denken und wir begreifen das Universum als ein Ganzes. Es wird uns dann auch klar, dass das ›Ich‹, an dem wir so krampfhaft festhalten, nichts anderes ist als ein geistiges Konstrukt. Diese Entdeckung verändert alles. Sie verändert die Art, wie wir die Welt wahrnehmen, und damit unser ganzes Sein.«

*Die Unterscheidung zwischen »ich« und »du« aufzuheben,
ist der einzige Zweck jedes spirituellen Bestrebens.*
ANANDAMAYI MA

Buddhisten haben in der Regel keine Schwierigkeiten, mit der modernen Wissenschaft in Dialog zu treten. Können sich auf der anderen Seite auch westliche Wissenschaftler mit den Erfahrungen anfreunden, die buddhistische Mönche mit dem Begriff »Intuition« verbinden? Wir fragen den Hirnforscher und Medizinpsychologen Professor Dr. Ernst Pöppel:

»Man kann natürlich das Wort ›Intuition‹ auf unterschiedliche Weise deuten. Die Intuition im normativen Rahmen: eine Intuition dafür, was gut ist. Das kann man, glaube ich, schon positiv beantworten. Im Konfuzianismus, im Matthäus-Evangelium, in fast allen Weltreligionen – überall gilt die goldene Regel: ›Behandle andere so, wie du von ihnen behandelt werden willst.‹ Es gibt ein intuitives Wissen darüber, was richtiges menschliches Handeln ist. Das ist religionsunabhängig. Überall weiß man intuitiv, wie man miteinander umzugehen hat. Das ist eine andere Art von Interpretation, dafür, was Intuition heißen könnte. Es ist nicht auf den Einfall bezogen, sondern ein stilles und stummes Wissen. Es gibt mir einen Rahmen vor für mögliches Handeln. Wobei ich, ehrlich gesagt, keine Ahnung von diesem Aspekt der Intuition habe und ich glaube, wir alle haben hiervon noch relativ wenig Ahnung.

Da gibt es jetzt neue Forschungsprogramme, die wir auch an der Münchner Universität verfolgen. Da streiten sich notwendigerweise die Gelehrten: Was ist wahr? Was ist gut? Was ist schön? Was ist der zeitliche Rahmen? Was sagt uns darüber die Intuition? All das sind Aspekte des stillen Wissens, das es uns überhaupt erst ermöglicht, zu kommunizieren. Gibt es eine religiöse Intuition? Gibt es ein intuitives Wissen über die Notwendigkeit der Grundgefühle wie Zuneigung oder Ärger? Das ist wohl wahr. Das sind andere Deutungen dieses Begriffs. Daneben gibt es eine andere Bedeutung: ein intuitiver Prozess, der ohne bewusste Kontrolle in mir abläuft und in mir neues Wissen erzeugt. Wo man mit Nietzsche sagen kann: ›Es denkt‹. Hier sieht man mal wieder: Diese Begriffe, sie bedeuten für jeden etwas anderes. Worüber redet man? Es besteht immer die Gefahr einer Äquivokation: Wenn man darüber redet, geht ein Teil der Bedeutung verloren.«

Sie sprechen in Zusammenhang mit Intuition auch von »implizitem Wissen«. Was verstehen Sie darunter?

»Das implizite Wissen ist der große Ozean des Wissens in uns. In einem gegebenen Augenblick ist immer nur ein ganz kleiner Ausschnitt von Wissen für uns bewusst verfügbar. Gleichzeitig finden im Hirn permanent Prozesse statt; Vernetzungen zwischen Ankerpunkten, die verschiedene

Wissensaspekte repräsentieren, und das baut sich im Wesentlichen durch Lernen auf. Wenn ich nichts gelernt habe, ist das Gehirn keine kreative Maschine, sondern ein dummer Apparat. Gebildet bin ich, wenn das Gelernte in mir arbeiten kann. Dann kann Intuition geschehen. Plötzlich kommt etwas zusammen, in einem kreativen Prozess. Dann ist ein Einfall da. Das ist der Hintergrund. Es muss eine Basis an Wissen vorhanden sein. Es wäre töricht zu meinen, dass Intuition sich von alleine einstellt und ich müsste dafür nichts gelernt haben, das ist nicht der Fall. Der intuitive Rahmen ist umso größer, je mehr Wissen ich gespeichert habe, auch wenn davon nicht alles jederzeit abrufbar ist.«

Spiegelt unsere Fähigkeit zu Intuition die Fähigkeiten unseres Hirns? In Professor Pöppels Arbeitszimmer befindet sich auch ein Foto einer Arbeit des Künstlers Igor Sacharow-Ross: Es zeigt ein riesiges Teleskop, das das Dach im Münchner Haus der Kunst durchbricht. Aber dieses Teleskop ist nicht nach außen gerichtet, ins Universum, sondern nach innen, auf eine Nachbildung des menschlichen Gehirns. Gibt es Ähnlichkeiten zwischen unserem Gehirn und dem Universum?

»Die ungefähr 100 bis 500 Milliarden Nervenzellen in unserem Gehirn entsprechen in etwa der Zahl der Galaxien, die wir im Universum vermuten. Diese Nervenzellen sind auch alle miteinander verbunden. Wenn ich einfach mal rechne: Wie viele Funktionszustände sind in einem Gehirn dieser Art möglich? Wie viele Funktionszustände gibt es allein in einer Nervenzelle, mit ihren 10 000 verschiedenen Inputs, die alle unabhängig voneinander aktiv oder nicht aktiv sind? Das ist nicht mehr berechenbar. Genauso ist es im Kosmos da draußen. Die Interaktionen der Galaxien mit ihren Sternsystemen und Planeten dazwischen, das ist eine ähnlich unberechenbare Größenordnung. Die Ähnlichkeit zwischen Gehirn und Kosmos ist die Unübersichtlichkeit. Das Faszinierende für den Forscher, für den Astrophysiker genauso wie für den Hirnforscher, sind Fragen wie: Warum gibt es überhaupt Struktur und Ordnung in diesen Systemen? Wie ist es möglich, dass in meinem Gehirn in diesem Augenblick, so Gott will, intelligente Sätze entstehen, obwohl die Informationsverarbeitung dahinter beliebig unübersichtlich ist? Das ist eigentlich unerhört, was da an informatorischem Chaos vorhanden ist. Dies zu verstehen, die Gesetze dahinter zu verstehen, das ist die Herausforderung unserer Forschung. Was sind die raumzeitlichen Muster und Strukturen in meinem Gehirn, wenn ich etwas erkenne, wenn ich spreche oder in einem künstlerischen Prozess tätig bin? Das ist im Augenblick ohne Frage noch schwierig zu beantworten. Das Wunder ist, wir können miteinander sprechen, wir können uns verstehen, zumindest glauben wir das. Was sich dahinter abspielt, ist eine unglaubliche Unübersichtlichkeit.

Was man jetzt schon sagen kann: Es ist niemals möglich, den Bewusstseinszustand eines anderen Menschen präzise darzustellen, weil es zu unübersichtlich ist. Ich bin niemals kopierbar. Und es wird sich auch niemals wieder der gleiche Zustand in meinem Gehirn einstellen wie vor drei Sekunden. Da ist immer etwas anderes. Und das ist die große Frage: Wie erzeugt das Gehirn Zustände, dass ein Gedanke mit sich selbst identisch bleibt, dass ich selbst mit mir identisch bleibe? Darauf eine Antwort zu suchen, ist eine richtige Herausforderung.«

Gibt es aus Sicht der Hirnforschung ein unabhängiges Ich?

»Eine gewisse Autonomie ist nötig. Die Selbstständigkeit muss garantiert sein. Aber gleichzeitig bin ich immer in ein soziales Netz eingebunden. Bei Selektionsprozessen, bei der Menschwerdung, spielt immer auch die soziale Gruppe eine entscheidende Rolle. Immer ist beides notwendig: der Andere und Ich. Unser Bewusstsein lässt sich immer nur in einem sozialen Kontext definieren. Wenn es den anderen Menschen gar nicht gäbe, dann gäbe es auch kein Bewusstsein. Der Zustand ›bewusst‹ bestimmt sich aus dem Bezug zu anderen Menschen. Das ist schon eine bemerkenswerte Einsicht. Das führt zur Frage nach dem Ziel des Menschseins – jetzt bewege ich mich völlig außerhalb meiner Zuständigkeit –, aber ohne die Frage nach dem Sinn können wir hier gar nicht miteinander sprechen. Was ist der Sinn des Lebens? Ich denke, wir sollten uns bei dieser Frage nicht als Sonderfall betrachten. Wir sind eingebunden in die generellen Lebensprozesse. Folglich geht es um die Herstellung eines Gleichgewichts, einer Balance, einer Stimmigkeit mit anderen Menschen und mit der gesamten Natur um uns. Das ist für mich das Programm des Lebens: Alles zu tun, damit eine Balance, eine Stimmigkeit hergestellt wird. Das gilt auch für gesellschaftliche Systeme. Sie funktionieren nur, wenn ein dynamisches Gleichgewicht vorhanden ist. Wie das dann inhaltlich ausgestaltet ist, ist eine andere Frage.

Ein Irrläufer der Evolution scheint mir zu sein, dass wir Menschen den eigentlichen Sinn oft aus den Augen verlieren, aus der Harmonie mit dem Biologischen, mit dem

Ganzen, heraustreten und mit Macht nur unseren Eigensinn durchsetzen wollen. Der Sinn des Lebens ist Stimmigkeit, ein inneres Gleichgewicht, Gelassenheit, Zufriedenheit. Intuitionen dienen dem Zwecke, solche Sinnstiftungen herzustellen. Dabei geht es nicht nur um mein persönliches seelisches Gleichgewicht. Wir dürfen uns als Menschen nicht getrennt sehen von der Welt, in der wir leben. Wir sind ein Teil der gesamten Biosphäre. Wenn ich in den Himmel schaue oder ein Blatt betrachte, das gehört alles zusammen. Wir sind eingebettet in die Natur, in die Welt um uns herum. Um ein Gleichgewicht, um Stimmigkeit mit dem Ganzen, darum geht es.«

> *Wenn man die Fragen lebt,*
> *lebt man vielleicht allmählich,*
> *ohne es zu merken,*
> *eines fernen Tages in die Antworten hinein.*
> RAINER MARIA RILKE

»Wir haben die Aufgabe, mit uns ins Reine zu kommen. Alles, was wir an Konflikten im Außen erleben, vor allem auch Beziehungskonflikte mit anderen Menschen, spiegelt immer einen Bereich in uns selbst wider, mit dem wir nicht im Reinen sind. Wir alle streben nach einem Zustand in uns, wo wir sagen können: ›So stimmt das!‹«, sagt Professor Dr. Franz Ruppert.

Seit 1992 lehrt er Psychologie an der Katholischen Stiftungsfachhochschule München und arbeitet in eigener Praxis als psychologischer Psychotherapeut. Als wir Franz Ruppert in seinen Arbeitsräumen besuchen, sitzen etwa 20

Menschen auf Stühlen in einem Kreis. In der Mitte spielen sich dramatische Szenen ab: Eine Frau kauert wimmernd und schluchzend am Boden. Ein Mann ist über sie gebeugt und versucht zu trösten. »Ich habe es nicht getötet. Die waren es mit ihren Stiefeln«, stößt die Frau hervor. »Ich weiß, was das ist. Das ist meine Schwester. Ich habe diese ungeborene Schwester immer gespürt«, sagt ein anderer Mann, der nachdenklich etwas abseits steht.

»Ich arbeite psychotherapeutisch mit der Methode der Familienaufstellung, Aufstellungen haben sich als ein sehr effizienter Weg erwiesen, um den Ursachen psychischer wie körperlicher Beschwerden auf die Spur zu kommen«, erklärt uns Franz Ruppert. »Bei der Aufstellung, die Sie gerade gesehen haben, wollte der Klient Klarheit über die Ursachen seiner Ängste und Unsicherheiten im Umgang mit seinem Vermögen erlangen. Zutage trat ein dramatisches Ereignis aus seiner Familiengeschichte. Die Aufstellungsmethode bietet eine Zugangsmöglichkeit, um Prozesse, die sich in einem Menschen abspielen und die sich zwischen Menschen abspielen, anschaulich zu machen. Es ist ein Werkzeug, mit dem ich wie mit einem Mikroskop etwas in der Tiefe sichtbar machen kann, etwas, was verborgen ist hinter den Phänomenen, die sich an der Oberfläche zeigen.

Das Hauptmerkmal der Methode besteht darin, dass ein Klient, der ein Problem lösen möchte, Personen als Stellvertreter auswählt, die wenig oder überhaupt keine Informationen über ihn und sein Problem haben. Die ausgewählten Stellvertreter repräsentieren Familienmitglieder oder andere enge Bezugspersonen des Klienten. Sie nehmen ihren Platz im Raum ein und drücken aus, was sie im Moment empfinden, oder sie folgen spontan ihren Bewegungsimpulsen. Dabei kommt es oft zu einem Phänomen, das als ›repräsentierende Wahrnehmung‹ bezeichnet wird: Die Stellvertreter können Gefühle haben, Symptome zeigen, Worte benutzen oder Bewegungen ausführen, die ziemlich genau die seelische Dynamik der von ihnen repräsentierten Familienmitglieder wiedergeben. Dies bedeutet, dass durch menschliche Stellvertreter innere psychische Strukturen im Außen sichtbar gemacht werden können. Insbesondere gilt das für zwischenmenschliche Beziehungen, auch wenn die betreffenden Personen aus dem Umfeld des Klienten bereits vor langer Zeit verstorben sind.

Eine wirkliche wissenschaftliche Erklärung für dieses Phänomen gibt es bis heute nicht. Aber ich mache in meiner Arbeit seit vielen Jahren immer wieder die Erfahrung, dass die Stellvertreter etwas zum Ausdruck bringen und derjenige, der die Aufstellung macht, dann sagt: ›Genauso ist es. Das fühle ich auch. So einen Anteil habe ich in mir. Genauso verhalten sich meine Geschwister, meine Vorgesetzten, meine Eltern oder Großeltern.‹ Wer die Methode nicht kennt, hat vielleicht den Eindruck, hier werde etwas gespielt, aber jeder, der selbst einmal solch eine Stellvertreter-Rolle einnimmt, merkt, dass es mehr ist als ein Rollenspiel. Es geht darum, ins Fühlen zu gehen, Gefühle zum Ausdruck zu bringen. Ich arbeite vor allem im Traumabereich, mit oft schwer traumatisierten Klienten. Es geht um ernsthafte Probleme, und Aufstellungen haben sich als ein sehr effizienter Weg erwiesen, den Ursachen psychischer wie körperlicher Beschwerden auf die Spur zu kommen.«

Was genau verstehen Sie unter einem Trauma?

»Als Trauma verstehen wir in der Wissenschaft ein Ereignis, das einen Menschen in eine Situation der Ohnmacht und Hilflosigkeit bringt. Man kann an solchen Situationen zugrunde gehen. Die äußeren Umstände kann man nicht ändern. Die Situation bleibt. Eine Möglichkeit für uns Menschen, in solchen Zuständen zu überleben, besteht darin, uns innerlich von dem Ereignis zu distanzieren. Diese innere Distanzierung nenne ich ›Spaltung‹. Je mehr ich mich mit der Form der Familienaufstellung beschäftigt habe und untersucht habe, was Beziehungen beeinträchtigt oder zerstört, desto deutlicher hat sich gezeigt: dahinter stecken meist Traumatisierungen. Niemand ist in der Lage, seine Beziehungen vernünftig zu gestalten, solange er in sich ein unverarbeitetes Trauma trägt, mit einer inneren Spaltung lebt. Gleichzeitig wird bei dieser Arbeit deutlich, wie wichtig für uns Beziehungen sind, gerade auch familiäre Beziehungen, in denen wir groß werden.«

Wie wirken sich traumatische Erfahrungen auf unser Leben aus?

»Ich betreibe seit über 15 Jahren eine intensive Forschung genau zu dieser Frage. Dabei hatte ich oft Gelegenheit, dieses Thema bei meinen Patienten zu studieren. Ein paar Dinge habe ich inzwischen verstanden. Zum einen: Traumata haben eine große Macht über einen Menschen. Sobald jemand eine traumatische Erfahrung durchleben musste – wenn jemand zum Beispiel als kleines Kind Todesangst erlebte, weil ihm, als er schrie, ein Kissen auf den Mund gedrückt wurde und er zu ersticken drohte –, zeigen sich die Auswirkungen davon ein ganzes Leben lang. Warum? Weil ein Kind eine solche Erfahrung nur überleben kann, wenn es sich innerlich aufspaltet. Statt einer seelischen Einheit entwickelt es dann in sich mehrere Untereinheiten. Jemand, der so hilflos auf die Welt kommt wie ein menschliches Baby, ist auf eine Umwelt angewiesen, die ihn überleben lässt. Wir können in dieser Phase unserer Entwicklung noch gar nicht denken und sind auf eine wohlwollende Umgebung angewiesen, mit der wir intuitiv in Beziehung treten.

Es ist für uns als kleine Kinder fundamental wichtig, dass wir aus Körpersignalen – wie uns jemand anschaut, wie seine Stimme klingt – Situationen erfassen. Jedes Kind muss solche Fähigkeiten entwickeln. Traumatische Erlebnisse in dieser frühen Phase lösen massive Angstgefühle aus, bis hin zur Todesangst. Jede Erinnerung an dieses Erlebnis – Geräusche, Gerüche, was auch immer – kann wieder Panikattacken hervorrufen. Damit der Betreffende weiterleben kann, wird die Erinnerung an solche Erlebnisse vom Wachbewusstsein abgespalten. Es ist eine Art Notfallmechanismus, der viel Energie kostet, um die Gefühle der Verzweiflung und der Hilflosigkeit auf ein erträgliches Niveau zu bringen. Kinder reduzieren ihre Lebensäußerungen dann oft bis auf ein Minimum. Sie haben erfahren: Ich darf nicht schreien, das wird gefährlich. Daneben gibt es Überlebensanteile, die versuchen zu erfühlen: Was muss ich tun, damit ich nicht wieder die Gefahr heraufbeschwöre? Das Leben findet plötzlich auf verschiedenen Ebenen statt. Es wird von verschiedenen inneren Anteilen gesteuert. Es gibt nicht mehr die Einheit. Der Zugang zu den Gefühlen, die wieder Panik auslösen könnten, wird blockiert. Das kennzeichnet zum Beispiel auch die Schizophrenie. Der Schizophrene kreist nur noch in seinen Gedanken: Was könnte ich machen? Was soll ich tun? Er findet keinen Zugang mehr zu seiner emotionalen Ebene. Auf die darf er nicht mehr zugreifen, da sind Gefühle drin, die wären zu viel für ihn, die würden ihn umbringen. Also muss er den Kontakt mit den Gefühlen vermeiden, und es kreist in Gedankenschleifen in seinem Kopf, und er kommt nicht von der Stelle. Wenn er dann Entscheidungen trifft, verstärken sie nur das Problem und führen letztlich in den Irrsinn.«

Wenn der Zugang zu den Gefühlen blockiert ist, ist auch der Zugang zu Intuition verbaut?

»Intuition ist für mich der Einklang von Körper, Geist und Seele. Ich glaube, Intuition geschieht im Zusammenspiel dieser drei Ebenen. Der Körper ist ein großes Sensorium. Er empfindet und kann auf verschiedene Weise Informationen aufnehmen, die uns zeigen, in welcher Lage wir uns befinden und wie unsere Umgebung ist. Das Körperliche kann mir wie bei einem Seiltänzer zeigen, ob alles stimmig ist oder ob ich etwas mehr nach links oder rechts balancieren muss, um nicht abzustürzen. Die Intuition kommt aber auch über das Gefühl: Dann spüre ich zum Beispiel eine Gefahr. Intuition kann aber auch vom Kopf her kommen, wie ein Geistesblitz, wenn etwas lange in meinen Gedanken gearbeitet hat.

Der Impuls kann aus allen Ebenen kommen, muss aber letztlich auf allen Ebenen wirksam sein. Wenn die Informationen von der körperlichen Ebene zur emotionalen Ebene kreisen und weiter zur geistigen Ebene und von da aus wieder zurück, in einer Art von Rückkopplungs-Schleifen, dann stimmt es. Dann machen wir nichts vom Körper, von unseren inneren Stimmungen Losgelöstes. Wir fabrizieren uns keine Phantasiewelten. Es ist ein Bezug zu uns vorhanden und damit auch zur Umwelt. So stelle ich mir das Ganze vor. Ich glaube auch, dass sich diese Ebenen im Laufe der Evolution auseinanderentwickelt haben. Zuerst war da das reine Körpergefühl, dann kam die Emotionalität, dann die Intellektualität. Wer weiß, was noch entsteht, wenn wir uns als Menschheit weiterentwickeln?«

Wie finden wir zur Intuition?

Wenn wir in das tiefste Innere einer Blume blicken,
sehen wir in ihr Wolken, Sonnenschein,
Minerale, Zeit, Erde, Kosmos.
Ohne Wolken könnte es keinen Regen geben
und so auch keine Blume.
THICH NHAT HANH

Es gibt verschiedene Aspekte von Intuition. Folglich gibt es auch verschiedene Wege, um Zugang zu finden zu den Phänomenen, die wir als Intuition bezeichnen. Für Sepp Holzer aus dem österreichischen Lungau ist Intuition etwas ganz Natürliches:

»Intuition heißt für mich, den Auftrag der Natur zu erspüren und zu vermitteln. Bei mir ist das von Kindheit an so entstanden. Ich habe die Möglichkeit gehabt, mit der Natur aufzuwachsen. Schon mit fünf Jahren habe ich mit meinem Kleingarten angefangen, die ersten Bäumchen gepflanzt. Da wirst du einfach mitgenommen. Du erlebst das so positiv, hast eine Freude mit deinen Pflanzen, siehst, wie sie gedeihen, wachsen und keimen. So wird daraus immer mehr. Dann entsteht ein größerer Garten, und so hat sich das weiterentwickelt. Mit 19 Jahren habe ich den Hof der Eltern übernehmen müssen, weil der Vater sehr krank war, und da habe ich dann voll losgelegt: noch einen Garten, Terrassen, einen Teich bauen, ein Biotop gestalten – der Appetit kommt beim Essen. So wächst die Freude für die Landbewirtschaftung.

Ich habe das von Kindheit an erfahren und dann habe ich verschiedene Ausbildungen gemacht. Da habe ich schnell gesehen, dass manches nicht stimmt, was in der Theorie vermittelt wird. Man hat mir gesagt, dass bei uns hier oben in den Bergen vieles nicht wachsen kann, weil es zu kalt ist. Der Lungau ist der kälteste Ort Österreichs, Österreichs Sibirien. Wir haben nur 4,5 Grad Jahresdurchschnittstemperatur. Wenn man dann Bäume düngt und spritzt, wie es die Lehrbücher empfehlen, dann erfrieren sie im Winter. Das habe ich erlebt. Dann habe ich das wieder losgelassen und bin, wie schon als Kind, wieder meiner Intuition gefolgt. So hat sich alles zum Positiven gewendet. Jetzt kann sogar hier oben in den Alpen das schönste Obst gedeihen, darunter sogar sehr wärmebedürftige Pflanzen. Wir haben Wein, der wächst hier auf 1400 Metern Meereshöhe, Seerosen, verschiedenes anderes noch, im Herbst zum Beispiel ist alles braun voller Kiwis. Die wachsen hier in Gemeinschaft mit Latschen und Hummeln und Bienen. Es sind auch ganz wunderbare Nektarpflanzen. Das ist möglich, weil die Pflanzen selbstständig werden, weil sie einen eigenen Frostschutz entwickeln. Weil sie sich durch Pflanzengemeinschaften selbst erhalten können. Dann habe ich hier einen großen Steinfelsen, der dient als Wärmespeicher. Das ist sozusagen der Kachelofen, damit der Wein und die Kiwis hier oben reif werden können. Sogar Mandarinen und Oliven wachsen hier.

Das lernt man von der Natur, wenn man neugierig ist

und genau verfolgt, wie die Pflanzen und Tiere leben und sich vermehren. Wenn du dich mit der Natur verbindest, sie fühlst und spürst, dann kriegst du das alles mitgeteilt. Alle Fragen werden beantwortet. In jeder Situation bekommst du Rat und Hilfe, wenn du hingehst und die Natur wahrnimmst: dich auf den Boden legst und mit der Erde verbindest. Oder wenn du einen Baum umarmst, brauchst du dich nicht schämen: Erzähl deine Sorgen einem Baum, einem großen, einem Naturdenkmal. Das ist, als ob der mit den Wurzeln aus dir herausziehen würde, was dich belastet. So habe ich es schon oft erlebt. Dann fühlst du dich wieder frei, dann bist du fast ein anderer Mensch. Dann fällt dir was ein. Und so ist das meiste bei uns hier entstanden. Ich muss nur gewillt sein, es anzunehmen, und lernen, der Natur zu vertrauen.

Schau hier, im Tannenwald, die Heidelbeeren, wie wunderbar die wachsen, welch üppiger Ertrag. Und die Johannisbeeren – Massenertrag. Das ist ein Selbsternteland. Da können Leute kommen und ernten, und wir wiegen nur noch. Das macht nicht einmal Arbeit. Und das Getreide, das erntest du ein bisschen höher ab, und der Rest kann bleiben für den Winter, als Futter für die Tiere. Oder man lässt es überhaupt für die Schweine, dass sie es selber fressen. Ich muss meine Tiere nicht einsperren und das Getreide und die Kartoffeln ernten, um meine ›Gefangenen‹ im Stall zu füttern. Meine Tiere sind draußen. Die holen sich das Futter selber, wenn sie es brauchen. Ich spar mir die Arbeit, und sie machen diese Arbeit gern, sich selber das Futter suchen. Wir haben hier auch verschiedene Enzianarten und Lauch und Knoblauch, sogar einige Pflanzen aus Portugal, die schmecken wunderbar und die halten es auch bei uns aus, durch die Steine, die sie wärmen. Und wir haben Forellen, Brutplätze für Enten und Gänse. Das sind Edelkrebse, da haben wir sehr viele davon, die brauchen nur klares Wasser.«

Wir kommen aus dem Staunen kaum heraus, während uns Sepp Holzer durch das Gelände seines Krameterhofs führt. Wir erleben ein blühendes Paradies, hier in den Bergen des Lungau. Auf den Hügeln und Bergrücken der Umgebung wachsen die üblichen Monokulturen: Fichtenwälder. Man erkennt deutlich tiefe Schneisen der Verwüstung darin. Stürme und Borkenkäfer haben hier ganze Arbeit geleistet. Als wir Sepp Holzer darauf ansprechen, explodiert fast ein Vulkan in ihm:

»Wenn man das sieht, diese Fichtenwüsten: der Boden versauert, kein Wild kann mehr darin leben. Das Wild fängt dann an, die Bäume zu schälen. Das ist eine natürliche Reaktion, um den Baumbestand wieder auszudünnen, damit etwas anderes nachwachsen kann. Und dann kommt der Borkenkäfer. Das ist durchaus sinnvoll aus Sicht der Natur. Flächenhaft brechen dann diese Monokulturen zusammen, so wie da hinten. Dass man so blöd ist. Ich versteh das nicht. Man muss doch erkennen, dass das ein Irrweg ist. Alles hat ein Recht auf Leben, auch Hase, Reh und Hirsch. Aber wenn ich so eine Fichtenwüste habe, dann kann gar nichts darin leben. Man langt sich an den Kopf, doch genau das wird gefördert mit Steuergeldern. So ein Unsinn. Welch ein enormer finanzieller Aufwand. Wenn man sieht, wie bei starkem Regen die Bäche zu Tal strömen und das ganze Erdreich mitnehmen. Der Boden kann nichts mehr aufnehmen. Er ist ausgetrocknet und aufgerissen. Dann verlanden die Flüsse –

nach jedem Regen eine Katastrophe. Jetzt die Katastrophen-schutz-Maßnahmen, die Betonwände, die sie unten aufbau-en. Das ist gegen die Natur. Die füllen sich an und laufen über, dann ist die Katastrophe noch größer. Das ist gegen die Natur. Aber solang man mit den Katastrophen Geld ver-dient, und ein paar wenige machen damit viel Geld, werden sie damit nicht aufhören. Das ist die klassische Land- und Forstwirtschaft: Da wird Grund und Boden vernichtet, doch da werden riesige Beträge an Steuergeldern hineingepumpt.

Jetzt schauen Sie mal hier bei uns: Das ist Landbewirt-schaftung im Einklang mit der Natur, den natürlichen Kreis-läufen folgend. Hier arbeiten die Natur und die Zeit für dich. Aber man muss in Kooperation und nicht in Konfrontation mit der Natur arbeiten. Wenn du die Natur befragst, dann kommst du drauf: Es geht auch anders. Ich will auch von meinem Grund und Boden leben. Aber ich will den Boden nicht ausnutzen. Wenn ich sehe, dass da Schäden sind, dass da kein Wild mehr lebt, kein Vogel mehr drin ist, dass auf dem Boden nichts mehr wächst, dass der Boden völlig aus-getrocknet und nur noch mit dürren Ästen bedeckt ist – das muss doch jedem einleuchten, dass es gegen die Natur ist. Das ist unverständlich für mich, dass man das nicht begreift. Es ist wirklich so einfach, wenn man mit den Pflanzen redet, wenn man die Sprache der Tiere lernt, sie verstehen lernt. Wenn sie einem dann zeigen: Schau mir geht es gut, ich hab genug Wärme. Dann werden die Früchte wunderbar reif, kerngesund, dann haben wir Massenertrag, und es ist noch dazu bequem zu ernten. Was will ich mehr?

Intuition – das ist für mich, wenn du auf die Natur hörst und kommunizierst mit deinen Pflanzen und Tieren. Da kommt jeder Mensch damit zurecht. Da brauch ich nicht studieren. In der Natur lernst du und erfährst du viel, viel mehr. Es ist nichts kompliziert in der Natur. Die Natur hat für alle gedacht, für jeden Analphabeten. Man muss sich nur mit ihr verbinden. Man muss die Kreisläufe erkennen, muss etwas vorausschauen. Man muss heute den Baum für die Urenkel pflanzen. Dann habe ich einen Erfolg, weil ich sehe, wie alles gedeiht, und meine Kinder und Enkelkinder sehen das noch mehr, weil sich alles natürlich entwickelt, die haben dann ein schönes Leben, und die Urenkel leben wieder im Paradies, das wir zerstört haben. So einfach wäre es, wenn wir endlich anfingen, in Kooperation und nicht in Konfrontation mit der Natur zu leben.«

Wie können wir damit anfangen?

»Das Wichtigste ist, dass wir wieder Vertrauen fassen in die Natur und ihre atemberaubende Perfektion wieder erkennen. Dann kommt ganz selbstverständlich der Respekt vor der Natur zurück. Der Respekt vor der Natur ist das Erste. Dann muss ich intuitiv wahrnehmen: Fühlt sich die Pflanze, das Tier hier wohl? Ich muss mich hineinversetzen in mein Gegenüber, es als gleichwertiges Lebewesen anerkennen. Dann fragt man sich: Wie würde ich mich in seiner Situation fühlen? Wie würde ich an seiner Stelle reagieren? – So erfährt man alles von der Natur. Ob das der Marienkäfer ist, eine Ameise, eine Spinne, ganz gleich, was. Da lernt man, welche Aufgaben die haben. Dann weiß man sofort, dass es falsch ist, wenn man mit Chemie alles kaputt macht. Dann versucht man, das zu schützen und zu bewahren. Wenn man sich so beschäftigt mit den Tieren und den Pflanzen, dann wird man sie beschützen. Du hast deine Freude damit. Das ist heute bei vielen nicht der Fall, die den Boden nur ausnutzen, die Tiere nur ausnutzen und quälen in der Massentierhaltung. Das sind die negativen Auswirkungen: Wenn man auf die Natur und die Schöpfung nicht mehr hört, dann macht man Fehler.«

Sepp Holzer hat revolutionäre neue Wege für die Landwirtschaft aufgezeigt, indem er eigentlich Selbstverständliches machte: die Natur beobachten, daraus Schlüsse ziehen und danach handeln. Mittlerweile ist der »Agrar-Rebell« ein international gefragter Experte und hilft von Russland über Schottland, Spanien und Portugal bis hin nach Südamerika bei der Renaturierung von Landschaften und beim Aufbau alternativer Agrarmethoden. Erst als Studierende der Universität Wien seine Arbeitsweise zu untersuchen begannen, erfuhr Holzer, dass es für diese Art der Bewirtschaftung einen Namen gibt: Permakultur. Der australische Ökologe Bill Mollison entwickelte dieses Konzept einer dauerhaften und nachhaltigen Kreislaufwirtschaft. Sepp Holzers Permakultur beruht auf eigenen Erfahrungen und Erfindungen. Wie ist er dazu gekommen?

»Wenn man die Natur wahrnimmt, fühlt und spürt, dann kriegt man das alles mitgeteilt. Alle Fragen werden beantwortet, in jeder Situation bekommt man Rat und Hilfe, wenn man hingeht und die Natur wahrnimmt. Jedem Menschen ist diese Weisheit mitgegeben. Doch anscheinend können es nur wenige wirklich erleben und ausleben. Da müsste man sich nur einmal besinnen und fragen, warum vielen das natürliche Denken und Leben abhandengekommen ist? Die Intuition gibt einem sicher Antworten, wenn man sich ehrlich fragt: Warum bin ich mit meinem Leben nicht zufrieden? Was läuft falsch? Wie möchte ich leben? Wieso mache ich das, was ich gerade mache? – Da bekommt man sicher Antworten, und dann muss man sich aufmachen, nachdenken und das Notwendige ändern. Aber die Gefahr im Leben ist, dass man zu bequem wird und lieber alles beim Alten lässt. Aber durch diese Bequemlichkeit bestraft man sich selbst am meisten. So hat man kein zufriedenes Leben, kein erfülltes Leben. Was die meisten machen, ist, das Leben erleiden, anstatt es bewusst zu erleben.«

Den Weg zu seinen vielen kreativen Ideen in der Landwirtschaft findet Sepp Holzer auf ganz natürliche Weise:

»Bei mir ist das meiste im Traum entstanden. Wenn ich den Tag über in Harmonie mit meinen Tieren und meinen Pflanzen lebe, dann geht das am Abend weiter. Das beschäftigt einen doch. Du bleibst in Verbindung. Das ist ja nicht abgeschaltet: Du gehst deine Terrassen im Kopf noch mal durch, siehst deine Schmetterlinge, siehst die Hummeln, siehst die Bienen, siehst die Tiere, die Pflanzen, und der ganze Tagesablauf setzt sich fort am Abend, auch im Gespräch, wenn man sich am Abend zusammensetzt und sich unterhält. Das Tagesgeschehen ist ständig im Hinterkopf, und dann schläfst du ein. Dann kann ich mir nicht vorstellen, dass das bei den anderen Menschen anders ist als bei mir: Dann kommt dir was im Traum. Irgendetwas, das dich besonders ärgert oder besonders freut, irgendetwas, an das du überhaupt nicht gedacht hast. Plötzlich im Traum ist es da. Dann wirst du wach und fängst an nachzudenken: Wieso? Warum? Wo? Und so ist vieles hier entstanden. Wie diese Höhle da. Wenn ich die Tiere sehe, wie sie im Freien stehen bei Regen und Wind: Sie machen einen Buckel und verbrei-

197

ten einen traurigen Eindruck. Ich habe mich gefragt: Was würde ich machen, wenn ich eine Kuh wäre, und es regnet und mir ist kalt? – Einen Unterstand suchen, am liebsten eine Höhle. Das habe ich geträumt. Die Tiere können sich selbst keine Höhle bauen. Die Schweine wühlen sich irgendwo hinein und haben eine Höhle, aber die Kühe und Pferde können das nicht. Also muss ich das machen. Jetzt habe ich aus Steinen und Holzstämmen Höhlen gebaut. Die Tiere können jederzeit hinein, jederzeit heraus, wie sie wollen, Sommer wie Winter.

Das sind alles so Träume, da erfährst du sehr viel, kriegst sehr viele Hinweise, die musst du dann nur aufnehmen, ergänzen, verbessern und umsetzen. Vertrau dabei der Natur und vertrau dir selber. Jeder Mensch ist ein Wunderwerk, aber er muss sich selber vertrauen. Wenn er das nicht macht, dann haben all die Träume und Intuitionen keinen Wert. Ich hör auch oft, dass manche so einen Unsinn zusammenträumen. Was mir da oft erzählt wird! Da sage ich dann meist: ›Du musst dich zuerst einmal gesund ernähren!‹ Ich bin der festen Überzeugung, dass davon der Traum abhängt. Wenn du gesunde Lebensmittel isst, dann hast du auch andere Träume.

Das kann vielleicht manch einer nicht verstehen. Wer es nicht erlebt hat, wird es nicht verstehen. Ich habe das an mir selbst schon oft erlebt: Wenn ich irgendwo in einem Gasthaus etwas esse und auch spüre, das tut mir nicht gut, dann träume ich oft einen Tod und einen Teufel zusammen, ein komplettes Wirrwarr, da kannst du dir auch gar nichts merken. Wer es nicht glaubt: Ausprobieren ist das Einfachste. Nicht darüber lachen, sondern ausprobieren. Vielleicht sogar die Gegenprobe machen. Das kostet nicht viel, und jeder kann es erfahren.«

Wie können wir das natürliche Leben unseren Kindern wieder nahebringen?

»Ich würde sagen, die Kinder müssen die Eltern erziehen. Die Eltern sind meistens schon so verirrt und fehlgesteuert. Man muss nur den Kindern einfach mehr Freiraum lassen, sie mit der Natur in Verbindung bringen, dann nehmen sie alles von alleine wahr. Ich würde sagen: Zu jedem Kindergarten gehört ein Garten. Zu jeder Schule eine Landwirtschaft. Da können Kinder praktisches Leben lernen, natürliche Kreisläufe. So lernen sie, wieder Verantwortung zu übernehmen. Und zu jeder Universität sollte ein Gutshof gehören. Das wären praktische Ausbildungsstätten für die Zukunft unserer Kinder und die Zukunft der Gesellschaft. Wenn ich von der Natur lerne, dann bin ich vom Wunderwerk der Schöpfung begeistert. Mein Herrgott ist in jeder Pflanze, in jedem Tier, auch im Menschen. Der Mensch ist auch ein göttliches Wesen, nur hat er sich schwer verirrt. Er hat seine Fähigkeit zu denken falsch eingesetzt. Das müssen wir erkennen und wieder auf die Natur vertrauen. Das ist das Grundfundament eines zufriedenen und erfolgreichen Lebens.«

*Der Mensch sollte alle seine Werke zunächst einmal
in seinem Herzen erwägen, bevor er sie ausführt.*

Hildegard von Bingen

Die Entwicklung unserer intuitiven Fähigkeiten ist uns in die Wiege gelegt. Das bestätigten die Forschungsarbeiten von Professor Dr. Dr. Mechthild Papoušek. Sie leitet das Institut für Soziale Pädiatrie und Jugendmedizin an der Ludwig-Maximilians-Universität München. Daneben gründete Mechthild Papoušek die Forschungs- und Beratungsstelle »Frühentwicklung und Kommunikation«. Nach ihrer Facharztausbildung als Psychiaterin spezialisierte sie sich auf Säuglings- und Kleinkindforschung. Mit ihrem Ehemann, dem Kinderarzt Hanuš Papoušek, leistete sie Pionierarbeit bei der Erforschung der frühen Eltern-Kind-Beziehung. Ihre Forschungsergebnisse mündeten in der Forderung nach einer intuitiven Elternschaft.

»Im Grunde geht es darum, dass in der frühen Verständigung von Mutter oder Vater mit dem Baby die Intuition eine ganz zentrale Rolle spielt. Man kann sagen, dass diese frühe intuitive Kommunikation der Ursprung unserer Kommunikationsfähigkeiten überhaupt ist. Intuitive Kommunikation im Säuglingsalter ist der Ursprung der menschlichen sozialen Kompetenzen, der sozialen Intelligenz. Da beginnt das Ganze. Die Babys bringen dafür ganz erstaunliche Fähigkeiten mit. Sie sind hoch motiviert, sich mit ihrer Umwelt vertraut zu machen. Vor allem wollen sie ihre primären Bezugspersonen, die Mama und den Papa, kennenlernen, und sich mit ihnen vertraut machen. Sie haben bereits erstaunliche Fähigkeiten, um das auch zu signalisieren. Sie zeigen das in ihrem Blickverhalten. Babys haben auch schon ganz früh die Fähigkeit nachzuahmen. Aber sie brauchen den entsprechenden Rahmen, um diese Anlagen entwickeln zu können. Sie brauchen ein Gegenüber, das ihre Signale aufnimmt und angemessen und prompt reagiert. Normalerweise können das Eltern. Sie machen das intuitiv richtig.

Das sind Fähigkeiten, die wir bei den meisten Eltern im Zwiegespräch mit ihren Kindern beobachten können, wenn sie nicht darüber nachdenken: Sie verändern im Kontakt mit ihrem Baby in der Regel sofort, intuitiv ihr Verhalten. Die Stimme spielt dabei eine ganz zentrale Rolle. Man spricht da von Ammensprache. Wir verändern automatisch unsere Sprechweise im Kontakt mit einem Baby. Wir heben die Stimme ein bisschen, wir verlangsamen sie, wir machen mehr Pausen, es wird alles einfacher, und die Stimme wird sehr viel melodischer. Allein über die Melodie und den Rhythmus unserer Sprechweise geben wir dem Baby schon ganz grundlegende Botschaften. Wenn wir etwa mit einem leichten Singsang sagen: ›Erzählst mir was, ja? Willst mir was erzählen?‹, – dann regen wir mit dieser Melodie die Babys an. Zum Beruhigen verwenden wir eine andere, sehr viel tiefere Melodie. Wir sagen zum Beispiel: ›Ist schon wieder gut. Ist ja fein, ist ja gut.‹ Dann geht das einher mit Berührung, mit ganz bestimmtem Körperkontakt, den das Kind fühlen und spüren kann. Die frühe Kommunikation geht über mehrere Sinneskanäle gleichzeitig. Da gibt es unendlich viele Experimente. Das sind überwiegend emotionale Austauschprozesse, mit denen die Kleinen lernen und Erfahrungen machen.

Ein wunderbarer zusätzlicher Teil der frühen Kommunikation, der leider in unserer Kultur ein bisschen zum Erliegen kommt, ist das Singen mit den Babys. Babys haben schon im Mutterleib die Fähigkeit, Melodien wahrzunehmen. Wenn die Mutter regelmäßig singt oder Musik macht, können Babys nach der Geburt aus der Schwangerschaft vertraute Melodien wiedererkennen. Das hat man auch in Experimenten nachweisen können. Wiegenlieder wurden auch sehr intensiv untersucht in der Forschung, und man hat gezeigt, dass sie in allen Kulturen vorhanden sind und dass in den meisten Kulturen noch viel mehr gesungen wird als bei uns. Lieder sind etwas Wunderbares für Kinder. Noch bevor sie sprechen können, entwickeln sie dadurch ein ausgeprägtes Gespür für Rhythmus. In vielen Kulturen kann man beobachten, dass Singen und Tanzen eine zentrale Rolle spielen für das soziale Zusammenleben. In unserer verkopften Gesellschaft singt und musiziert man weniger selbst. Man hört CDs an. Da gibt es auch jede Menge davon für Babys. Das sind manchmal gute Babysitter. Das darf ein Baby auch einmal hören. Doch viel schöner ist es, wenn Mama oder Papa mit dem Baby direkt singen, zum Beruhigen, zum Einschlafen oder auch einfach, um Spaß zu haben, und vielleicht kann man sogar dazu tanzen.«

Da gibt es anscheinend viel zu lernen für Eltern. Muss man dafür Kurse besuchen oder Berge an Fachliteratur studieren?

»Das intuitive elterliche Verhalten kann man nicht aus Büchern lernen. Im Gegenteil, je mehr man liest, desto mehr verkopft man. Im Grunde werden die Eltern dadurch unverständlich. Es kann sein, dass eine Mutter dann zu viel macht, nicht mehr beachtet, dass das Baby vielleicht schon übermüdet ist, dass es eine kleine Erholungspause braucht. Das Baby zeigt das in seinem Verhalten. Es wendet sich ab. Oder es wird sehr aufgeregt und überreizt. So kann es zu keinem intuitiven Dialog kommen. Wenn das kindliche Verhalten nicht intuitiv gespiegelt wird, kann es passieren, dass sich manche im Kind angelegte Fähigkeiten nicht genügend entwickeln. Wenn man immer erst überlegt, sobald das Kind schreit oder lacht: ›Was mach ich jetzt am besten? Was steht auf Seite so und so in meinem Buch?‹, dann funktioniert das nicht. Es dauert auch viel zu lange. Das intuitive Verhalten zeichnet sich gerade dadurch aus, dass es innerhalb von Bruchteilen von Sekunden gelingt. Diese komplexe Information, die ein Baby in seinem Verhalten zeigt, können wir intuitiv nicht nur wahrnehmen und verarbeiten, sondern innerhalb dieser Bruchteile von Sekunden gelingt es uns, angemessen darauf zu antworten. Das geht nicht über bewusstes Denken.

Die frühen Austauschprozesse zwischen den Eltern und dem Baby laufen auf einer intuitiven Ebene ab, von Anfang an. Eigentlich können wir das alle. Die Gefahr ist aber, dass man verunsichert wird durch zu viel Druck von außen, durch Ängste, durch zu viel Lesen, durch Verkopfung. Dann hört man nicht mehr auf seine Intuition. Wir haben durch unsere Forschungsarbeiten gelernt: Babys brauchen wirklich eine intuitiv gesteuerte Erziehung, damit sie selbst in diese intuitiven Kommunikationsfähigkeiten und sozialen Kompetenzen hineinwachsen können. Dazu zählen die Empathiefähigkeit, die Fähigkeit zur Kooperation, die Fähigkeit, sich emotional einzufühlen. Das sind alles Fähigkeiten, die wir Menschen im Miteinander brauchen, und die Kleinen erwerben das im Grunde in der intuitiven Kommunikation mit den Eltern. Von daher ist diese frühe Verständigung von Eltern und Babys so ungeheuer wichtig für die kindliche Entwicklung. Alles beginnt mit der frühen Erfahrung, dass eigenes Verhalten durch ein verständnisvolles Gegenüber beantwortet wird, in allen Bereichen: stimmlich, mimisch, durch die gesamte Körpersprache. Das beginnt sehr früh und läuft von Anfang an über diese wirklich überwiegend intuitive Kommunikation.«

Auch Eltern, die sich viele Gedanken machen und die viel lesen, wollen eigentlich nur das Beste für ihre Kinder. Was sind nach Ihren Forschungen aber die Konsequenzen daraus?

»Ich denke, dieser zunehmende Verlass auf den Kopf, auf das Denken, auf rationale Prozesse, all das zeigt sich besonders deutlich darin, dass Eltern heutzutage ungeheuer verunsichert sind. Das führt oft dazu, dass sie noch mehr lesen. Manche haben einen ganzen Bücherschrank voll mit Elternratgebern und Zeitschriften und Magazinen. Im Grunde lenkt das immer nur davon ab, sich wirklich vom Baby leiten zu lassen. Und darauf kommt es an. Sich einzulassen auf das Kind, das allein durch sein babyhaftes Aussehen, durch sein Lächeln, durch seine Blickzuwendung, also mit ganz intensiven, starken Signalen diese intuitiven Fähigkeiten in uns hervorlockt. Wenn man anfängt, darüber nachzudenken, dann geht es meistens schon ein bisschen schief, weil wir dann schon nicht mehr die Signale der Kinder fein genug wahrnehmen und aufnehmen können.«

Man muss also einfach immer nur ganz da sein für sein Kind?

»Keine Mutter und kein Vater kann sich 24 Stunden am Tag mit ganzer Aufmerksamkeit dem Baby widmen. Das schafft keiner. Es gibt auch bei Eltern Erschöpfung, manchmal sogar depressive Stimmungsschwankungen. Glücklicherweise brauchen Babys auch nicht 24 Stunden lang Aufmerksamkeit. Wichtig ist, dass sie es überhaupt erleben, dass die Eltern, wenn sie sich ihnen widmen, dies mit ungeteilter Aufmerksamkeit tun. Es ist vieles kompensierbar. Das Erfreuliche ist, dass die Natur dafür Sorge getragen hat, dass die Babys sehr viel Eigenes schon mitbringen. Sie zeigen viel Eigeninitiative, um Kontakt aufzunehmen, nicht nur mit den Eltern, auch mit anderen Personen. Da ist sehr viel Plastizität in der Entwicklung zu beobachten, mehr als lange Zeit angenommen wurde. Es ist nicht alles so schrecklich schicksalhaft vorherbestimmt, was passieren kann, wenn Eltern Fehler machen. Auch in der weiteren Entwicklung gibt es noch viele Möglichkeiten, neue positive Beziehungserfahrungen zu sammeln, die den Kindern helfen, das auszugleichen, was sich am Anfang vielleicht nicht so optimal entwickelt hat. Es ist bei Säuglingen und Kleinkindern immer eine hohe Motivation zum Lernen da. Die kann allerdings zum Erliegen gebracht werden, wenn Babys überhaupt keine anregende Umwelt vorfinden und keine Antworten auf ihre Lernsuche erhalten.

Säuglinge haben bereits ganz früh das Bedürfnis nach Selbstwirksamkeit. Das heißt, sie wollen selbst etwas in der Umwelt bewirken. Schon Neugeborene haben die Fähigkeit, Zusammenhänge zwischen ihrem Verhalten und den daraus folgenden Konsequenzen vonseiten der Umwelt zu erkennen. Sie versuchen, solche Zusammenhänge immer wieder herzustellen. Das gibt ihnen Sicherheit. Darauf können sie Erwartungen aufbauen und sich weiterentwickeln. Wenn sie erkennen, was für emotionale Reaktionen ihr Verhalten beim Gegenüber auslöst, wächst das Selbstwertgefühl. Dazu brauchen sie Eltern oder andere Bezugspersonen, die mit einer gewissen Regelmäßigkeit auf ihre Signale angemessen antworten, das heißt prompt und intuitiv antworten. Und das heißt, man braucht die Kommunikation, die Eltern müssen verstehen, um angemessen antworten zu können. Wenn dieses Bedürfnis vonseiten der primären Bezugspersonen nicht erfüllt wird, dann verkümmert es. Dann verkümmert die Motivation, zu lernen. Unser Gehirn entwickelt sich weitgehend nach dem Prinzip ›use it or lose it‹, also nutze es oder es wird verkümmern.

Noch problematischer wird es natürlich, wenn das Kind auf seine Signale eine abwertende, negative Antwort bekommt. Wenn das Kind zum Beispiel häufig weint oder schreit und darauf mit Ärger reagiert wird. Das Wichtigste für Eltern ist, sich nicht anstecken zu lassen von den Ängsten des Kindes oder vom Ärger des Kindes, von den Wutanfällen. Schreiende Babys selber anzuschreien, das darf nicht passieren. Du musst als Kind die Erfahrung machen können, dass du auch mit deinem Ärger, mit deinen Ängsten, mit deiner Wut angenommen wirst. Ansonsten lernt das Kind: Etwas stimmt nicht mit mir. Etwas mit mir ist nicht in Ordnung. – So kann sich kein Selbstwertgefühl entwickeln, das dann zu Autonomie und Selbstständigkeit führt.

Die Entwicklung hin zu einem selbstbestimmten Leben beginnt ganz früh im Neugeborenenalter. Hier hat es seine Wurzeln und es wächst, wenn es unterstützt wird durch die intuitiven Kommunikationsfähigkeiten der Eltern. Wenn sie ihrem intuitiven Verhalten folgen, nehmen Eltern die negativen Affekte ihres Babys in sich auf und wandeln sie um in etwas Positives. Die Tendenz dazu ist in uns allen angelegt. Aber das gelingt nicht immer. Wenn es uns immer gelänge, dann ginge es uns allen blendend.«

Wir hören viel,
aber wir hören erst eigentlich,
wenn wir die wirren Stimmen haben sterben lassen,
und nur noch eine spricht.

MEISTER ECKHART

Paul J. Kohtes gilt als einer der renommiertesten Kommu-
nikationsexperten in Deutschland. Er ist Gründer von Eu-
ropas umsatzstärkster PR-Agentur Kohtes Klewes (später:
Pleon, heute: Ketchum Pleon). Das Wirtschaftsmagazin
CAPITAL würdigte ihn einst als »Doyen der deutschen PR-
Szene«. Vor mehr als 30 Jahren entdeckte Paul J. Kohtes
Zen-Meditation für sich. Heute leitet er selbst Meditations-
seminare. Dabei hat er sich auf das Coachen von Führungs-
kräften aus der Wirtschaft spezialisiert. Sein Ziel ist es, das
Weltliche mit dem Spirituellen zu vereinen:

»Für mich ist Disziplin des Denkens eine wichtige Voraussetzung, um Intuition zu erlernen und zu praktizie-
ren. Solange das Hirn die Dominanz hat, denken darf, was
es will, finden wir keinen Zugang zur Intuition. Das klingt
vielleicht etwas seltsam, aber ich meine das ernst. Wir kennen das alle in Momenten, wo wir still sind, dann merken
wir, dass unser Gehirn denkt, was es will. Ich sage oft in meinen Seminaren, wir müssten eine Projektionswand haben,
auf die all die Gedanken, die in so einer Runde gedacht werden, projiziert werden. Man würde davon ausgehen, da sitzt
eine Truppe von Verrückten. Das Hirn produziert ständig
Gedanken, und wenn wir den Gedanken immer nachgeben,
ist das so, wie wenn wir auf einem PC alle Programme offen ließen. Der Computer läuft und läuft, und was passiert?

Irgendwann stürzt er ab. Das ist bei uns genau dasselbe. Wenn wir dem Hirn freien Lauf lassen, stürzen wir irgendwann ab. Die Batterie ist leer, wir sind ausgeblutet, weil die Verbindung gekappt ist zu der Quelle, von der frische Energie kommen kann.

Zen ist die japanische Variante der buddhistischen Meditationslinie. Zen wirkt heute besonders im Westen auf viele Menschen sehr anziehend, vor allem auf Intellektuelle. Das scheint ein Widerspruch in sich zu sein, denn im Zen gibt es nichts zu denken. Doch das ist gerade das Attraktive daran. Intellektuelle Menschen spüren, dass sie mit dem Denken an Grenzen stoßen, dass es mit dem Rationalen allein nicht mehr weitergeht. Jetzt sagen zu können: Ich kippe diese Versuche, alles rational zu erfassen, über Bord, komplett, radikal – das ist hochattraktiv für jeden Intellektuellen. Mich hat das auch sehr angezogen und tut es nach wie vor. Für mich ist der einzige Weg, um aus der intellektuellen Verwirrung herauszukommen, der, sie vollständig zu kippen. So komme ich aus der Komplexität in die Einfachheit. Da bin ich, das Wort sagt es schon, wieder eins. Das ist sehr befreiend.

Das empfinden viele, die das zum ersten Mal erleben, als sehr attraktiv: diese Einfachheit, diese Simplizität. Daraus erschließen sich viele Dinge auf eine völlig neue Weise. Wer einen Meditationskurs gemacht hat, versteht das sofort. Aus der Einfachheit heraus beginne ich zu hören, was ich vorher nie gehört habe. Oder ich schmecke ganz neu. Viele Menschen sagen, in Meditationszentren schmecke das Essen besser. Was gar nicht stimmt. Es ist sogar schlechter, aber sie schmecken es anders. Sie haben das Gefühl, dass es besser schmeckt, weil sie nicht mehr nur essen, um satt zu werden, sondern sie können aus der Einfachheit heraus den Geschmack ganz anders wahrnehmen. Das einfache Hören, Sehen, Riechen, Schmecken – das ist eine Erfahrung, die in unserer komplexen Zeit zu kurz gekommen ist. Was auch dazu geführt hat, dass die Intuition an den Rand gedrängt worden ist. Wenn überall Lärm ist, überall Reize sind – wo soll dann Platz für Intuition sein? Dann bin ich ständig damit beschäftigt, Reize zu bedienen, wahrzunehmen und zu verarbeiten. Das führt mich von der Intuition weg.«

Kann uns Zen-Meditation helfen, wieder zur Intuition zu finden?

»Eindeutig. Ich glaube, dass das Zen eine der besten Methoden ist, um Zugang zur Intuition zu finden. Ich habe viele Methoden ausprobiert und ich glaube, Zen ist die Methode, bei der dies unmittelbar funktioniert, soweit man beim Zen von funktionieren sprechen kann. Das Zen hat den großen Vorteil, dass es alle Konzepte, alle mentalen Konstrukte radikal ablehnt und nur auf die Unmittelbarkeit der Erfahrung abzielt. Es ist ohne Bilder, ohne etwas Vermittelndes dazwischen, und darum geht es: Wir müssen über die Bilder im Kopf hinauskommen, die uns in gedachte Welten hineinziehen, in das Welttheater, wie Shakespeare sagte. Solange wir darin herumgeistern, sind wir abhängig, dann sind wir Figuren in einem großen Spiel. Wenn ich das als Spiel erkenne, kann ich aus diesen Vorstellungswelten herauskommen. Ich kann dann die Unmittelbarkeit des Seins erfahren. Das erleben wir als große Entspannung. Dann kann ich mit großem Vergnügen erkennen, dass ich in diesem Theater zwar immer noch mitspiele, aber nicht mehr abhängig bin.«

Geht es bei Meditation und Intuition um eine Art von Freiwerden?

»›Unsere Aufgabe ist es, frei zu sein.‹ Das ist ein Zitat des Apostels Paulus aus der Bibel. Man denkt oft, in der katholischen Kirche gäbe es so was nicht, aber das ist nur verdrängt und vergessen worden. Die Grundidee des Menschen ist es, autonom zu werden und alle autoritären Strukturen zu überwinden. Das heißt nicht, dass wir Anarchisten werden müssen, einen Zustand anstreben sollen, in dem alles erlaubt ist, alles drunter und drüber geht, das große Chaos herrscht. Überhaupt nicht. Es geht um die Potenzialität der Freiheit. Die entsteht, wenn ich alle diese Konzepte loslassen kann. Das ist unser ursprünglicher Zustand: frei ohne jede Voreingenommenheit. Wir haben dafür das große Bild des Paradieses. Im Paradies waren wir frei, aber mit dem Nachteil, dass wir ohne Bewusstsein waren. Frei wie die Tiere, so sind wir in die Welt gekommen. Dann haben wir das Paradies verloren, weil wir das Bewusstsein entdeckt haben. Was ist unsere Aufgabe heute? Das Bewusstsein so zu erweitern, dass Freiheit wieder möglich wird. Wir kehren sozusagen vom Baum der Erkenntnis zur Erfahrung des freien Lebens zurück. Das ist im großen Maßstab der Weg der Menschheit, und es ist auch der Weg für jeden Einzelnen. Ich glaube, dass dieser Weg nur über die Einbeziehung aller Ebenen in uns Menschen gegangen werden kann, und die Intuition ist dafür der zentrale Ankerpunkt.«

Warum nimmt Intuition für Sie eine so wichtige Stelle ein?

»Intuition ist eigentlich die Erfahrung der Ganzheitlichkeit. In dem Moment, wo ich sehe, dass ich angebunden bin an das ganze Geschehen, Teil des großen Prozesses bin, ist es auch nicht mehr so wichtig, dass ich da oben eine kleine Spitze namens Ego bin. Die bin ich nach wie vor, aber sie ist nicht mehr so bedeutsam, so dominant. Wir gewinnen auf einmal eine ganz neue Stabilität: Das Meer hat Stabilität unten in der Tiefe. An der Oberfläche tanzt der Bär. Da gibt es Wellen, Stürme, Taifune, was auch immer. Was wir als Leben erfahren, ist nur die Oberfläche. Erst wenn ich merke, ich komme tiefer an den eigenen Grund heran, der mich verbindet mit dem gesamten System, erst dann gibt mir das unglaubliche Stabilität. Dann ist das, was da oben passiert, nicht mehr ganz so dramatisch. Dann ist auch nicht mehr ganz so wichtig, welche Rolle ich dabei als Ego spiele. Das Ego wird nicht weg sein. Es geht darum, dass sich das Ego emanzipiert, die Dominanz abgibt und Teil eines spielerischen Prozesses wird. Dann macht das Leben auch Freude. Das ist ja das Problem des Egos: Es hat keinen Spaß mehr, weil es überall nur noch gezwungen wird. Das erleben wir überall, selbst in Meditationskursen. Die Komplexität der modernen Welt führt nicht dazu, dass wir uns sicherer fühlen. Im Gegenteil, sie führt zu Unsicherheit und letztlich zu Angst.

Ziel der Meditation ist es, einen Augenblick aus der Komplexität heraus in die Stille zu kommen. Das ist sehr entspannend, und Intuition ist ohne Entspannung nicht denkbar. Viele Manager haben das Problem, sie können nicht entspannen. Ich habe das mal versucht, vor einem Abendessen mit einer Runde hochkarätiger Manager. Wir haben einen teuren Trainer engagiert, der sollte Entspannungsübungen mit denen machen, dabei sollten sie sich auf den Boden legen. Wir hatten schöne Matten hingelegt, aber ein ganz erheblicher Teil der Gruppe hat sich geweigert, sich auf den Boden zu legen. Warum? Ein Manager geht nicht zu Boden – scherzhaft gesagt. Der Hauptgrund war aber Angst. Sie hatten Angst, sich zu entspannen und dabei die Kontrolle zu verlieren. Was braucht ein Manager? Kontrolle. Solche Widersprüche aufzulösen ist eine große Aufgabe. Das gelingt nur mit Humor. Wenn Menschen bedrückt und schwer beladen mit Sorgen und dergleichen aus solchen Kursen gehen, dann ist etwas schiefgelaufen. Der Beleg dafür, dass es gelungen ist, über die Meditation wieder Anschluss an die Intuition zu bekommen, zeigt sich darin, ob es wieder was zu lachen gibt.«

Intuition schenkt also Lebensfreude?

»Die Intuition hat noch weitere Vorteile. Sie verbindet uns mit einer Kraft. In der östlichen Philosophie heißt das die Chi-Kraft. Dahinter steht die Idee, dass die universale Kraft, die das ganze Universum in Gang hält, dass die auch in unseren Körpern fließt. Wir sind mit dieser Kraft verbunden. ›Das Leben fließt‹, sagen wir nicht zufällig. Die Möglichkeit, sich anzuschließen an den großen Fluss, das ist eigentlich das Charmante und Interessante an dem Ganzen: wegzukommen vom kleinen Fluss der ›Ich-Heit‹, der oft mühsam ist, verschmutzt ist, nicht richtig fließt, verstockt ist. Dahinter passiert das, was das Leben im Fluss hält. Wenn ich merke, dass ich mitfließen kann, dann kann das ein gelungenes Leben werden. Es geht nicht darum, gegen den Strom anzukämpfen. Es geht darum, alles, was mir begegnet, als Teil meines Lebensprozesses anzunehmen. Das sind nicht nur angenehme Seiten. Der Fluss hat Stromschnellen, Staustufen, viele unangenehme Sachen. Aber den

Fluss interessiert das nicht. Der fließt einfach, ohne Konzepte. Er fließt, so wie es für ihn optimal ist. Manchmal staut er sich, wenn er nicht weiterkommt, und wartet, bis er überfließt. Oder er stürzt als Wasserfall den Felsen hinunter und fließt unten ruhig weiter. Die Idee, die der Fluss in sich trägt, ist das Mündenwollen.

Das ist auch die zentrale Frage für unser Leben: Wozu ist diese Reise, auf die wir uns begeben, unser Fluss des Lebens, wozu ist der gut? Auf diese Frage gibt es keine rationale Antwort, sondern die erfahre ich nur im Bauch, als Intuition. Ich merke, das Leben kommt ins Fließen, trotz all der Unstimmigkeiten und Widersprüchlichkeiten, die mir auf meiner Reise begegnen. Das ist eine unglaublich bereichernde Erfahrung. Deswegen habe ich inzwischen mein ganzes Leben darauf ausgerichtet, Managern diese Erfahrung zu vermitteln: Das Leben beginnt zu fließen im Kontakt mit unserem Bauch. Alles, was wir intellektuell oben draufsetzen, ist interessant, ist auch wichtig, aber es ist nicht das Leben.«

Für Sie kommt also die Intuition aus dem Bauch?

»Für mich ist die Intuition eindeutig im Bauch verortet. Das hat auch eine lange Tradition im Zen. Hier nennt man diese sensible Bauchregion das Hara. Ich glaube, es ist tatsächlich eine sehr kluge Redewendung, wenn wir sagen, dass wir Entscheidungen aus dem Bauch heraus treffen. Diese Erfahrung der Unmittelbarkeit des Seins, von der wir vorhin gesprochen haben, ist meiner Überzeugung nach nur in dieser Bauchebene erfahrbar. Genau dann, wenn ich den Kopf loslassen kann, seine Dominanz überwinde, komme ich dahin, dass ich diese Verbindung des Körperlichen mit der Erde wirklich erfahren kann. Ich fühle mich gut geerdet in dieser Bauchregion. Dann kann ich die Erfahrung machen, dass ich tatsächlich mit allem, was irdisch ist, auch verbunden bin. Dann erlebe ich das nicht nur als ein geistiges Konstrukt, das ich mir ausdenke, sondern ich mache die Erfahrung, dass es tatsächlich so ist. Das ist etwas völlig anderes. Insofern ist die Bauchebene immer eine elementare Erfahrungsebene und nicht eine gedachte Ebene. Da müssen wir sorgfältig darauf achten: Nicht versuchen, alles erst analytisch zu erfassen und anschließend in Pläne umzusetzen, sondern zunächst einmal das Ganze auf den Bauch wirken lassen und daraus Ideen gebären. Das Gebären findet ja auch auf dieser Ebene statt und nicht im Kopf.

Ich plädiere allerdings dafür, dass wir beide Ebenen in eine Verbindung bringen: Kopf und Bauch. Aus dem Bauch heraus leben, das verbindet uns mit dem Biologischen in uns. Tiere leben ganz aus dem Bauch heraus. Aber sie haben eben nicht das Rationale. Wir können als erste Spezies der Weltgeschichte Kopf und Bauch miteinander verbinden. Ich glaube, das ist genau das, was heutzutage ansteht: dass wir diese Verbindung von Kopf und Bauch konstruktiv nutzen. Lange Zeit, seit der Aufklärung, waren wir etwas zu verkopft, sodass wir im Moment mehr Augenmerk auf den Bauch legen sollten.«

Wie machen Sie das?

»Ich habe die Erfahrung gemacht, dass die Intuition sich am besten durch regelmäßiges Meditieren erschließen und pflegen lässt. Und deswegen sitze ich jeden Tag zweimal in Meditation und versuche, das Bewusstsein im Bauchbereich zu konzentrieren. Alles ist Training im Leben. So, wie wir den Kopf trainiert haben, intellektuell zu sein, rational zu sein, gute Gedanken zu haben, logisch zu denken, Wissen anzuhäufen, so können wir auch den Bauch trainieren, indem wir ihm in unserem Bewusstsein einfach mehr Raum zukommen lassen. Wir müssen die Intuition nur wahrnehmen. Sie ist immer da. Jeder hat sie, selbst Manager. Wir müssen sie nur wiederentdecken.«

Sitzt einfach nur still und beobachtet euren Atemrhythmus,
mehr braucht ihr nicht zu tun.
Ihr besteht aus »Einatmung – Ausatmung«.
ANANDAMAYI MA

»Ich muss mich auf einen Weg machen. Ich muss versuchen, mein Ich zurückzunehmen, damit diese Ebene sichtbar werden kann, die immer da ist, aber durch die Ich-Aktivität verdeckt ist. Setzt euch doch einmal hin auf ein Kissen und versucht, euer Bewusstsein auf einen Punkt zu konzentrieren. Keine drei Sekunden haltet ihr das aus, ständig zerrt euch das Ich wieder irgendwohin«, sagt der Zen-Meister und Benediktinerpater Willigis Jäger.

»Es ist eine Kunst, eine Lebenskunst: Achtsamkeit für diesen Augenblick. Das ist der einzige Weg. Es gibt keinen anderen Weg. Wir können es nicht machen. Ich komme nur dorthin durch das Lassen. Und das fällt uns so schwer. Diese Ebene ist nur im Hier und Jetzt zu erfahren. Voraussetzung ist, dass das, was ich gerade tue, nicht vom Ich getan wird, sondern eine gewisse Selbstständigkeit hat. Ich komme immer wieder auf die Welle und das Meer zurück: Das Tun ist gleichsam die Welle, aber da ist noch etwas darunter, was der Tätigkeit eine viel tiefere Bedeutung gibt. Man-

215

chen Menschen wird diese Erfahrung geschenkt, vielleicht auch nur sekundenweise, aber die meisten müssen sich auf einen Weg machen, um ihre eigene innere Tiefe hinter der Ich-Aktivität zu erfahren.«

Was kann dabei hilfreich sein?

»Menschen, die wirklich eine gute Beziehung zur Natur haben, erleben diese Einheit. Sie erleben plötzlich, dass der Baum nicht mehr außerhalb von ihnen ist. Sie erfahren ihn von innen heraus. Sie erleben, dass die Landschaft und alles, was da als Baum, als Gras, als Blume, als Tier, als Mensch erscheint, ihnen sehr viel näher ist, als wenn sie das nur intellektuell begreifen. Sie erfahren eine Einheit, die sich schwer ausdrücken lässt. Aber immer wieder kommen auch Menschen zu mir, manchmal nach einer Stunde Jogging, und sie sagen: ›Plötzlich war die Welt anders. Bei diesem Trab, Trab, Trab hat sich plötzlich meine ganze Sicht und Auffassung der Welt verändert. Die Landschaft, die Natur, die Menschen, alle haben eine ganz andere Beziehungsebene zu mir bekommen.‹ Das ist die Zukunft unserer Spezies: eine neue Ebene der Verbundenheit. Das ist eine Erfahrungsebene. Ich kann sie nicht ›machen‹. Ich kann sie rational nicht erreichen. Ich kann sie nur auf einer viel tieferen Ebene erfahren. Es gibt ganz bestimmte Dispositionen. Manche Menschen kommen leichter auf diese Ebene als andere, aber im Grunde haben wir alle diese Erfahrungsebene in uns. Ich muss mich nur auf den Weg machen.«

Nimm des inneren Menschen wahr,
darin liegt das äußere und innere Leben.
Heinrich Seuse

»Intuition ist die Voraussetzung dafür, dass man im richtigen Moment das Richtige tut«, sagt Professor Götz Werner. »Zahnpasta-Verkäufer«, antwortet der Gründer und Inhaber der Drogeriemarktkette *dm* gerne auf die Frage, was er sei. Er ist auch ein Vorkämpfer für das bedingungslose Grundeinkommen und ein Vordenker moderner Managementmethoden.

»Das Wichtigste ist, dass wir als im Leben tätige Menschen, die immer gestalten und Neues schaffen, dass wir geistesgegenwärtig sind. Was wir in der Wirtschaft suchen, ist der geistesgegenwärtige Manager. Das fängt schon an, wenn Sie als Kunde zu uns in den *dm*-Markt kommen: Es geht darum, dass unsere Kollegin dann zu Ihnen das Richtige sagt. Sie soll nicht das sagen, was für die vorangegangenen Kunden das Richtige gewesen wäre. Die Frage ist nun: Wie kann man Geistesgegenwart evozieren? Wie kann man Verhältnisse schaffen, dass man bei sich selbst Geistesgegenwart evoziert? Das hat mit Intuition zu tun. Wie sagt man so schön: ›Ich habe intuitiv das Richtige getan.‹ Dazu müssen wir uns öffnen für das, was jetzt im Moment ansteht. Offen sein für die Aufgabe und in der Erwartung, dass aus alldem, was ich in meinem Leben bisher erlebt und erfahren habe, was ich auch reflektiert habe und zu Fähigkeiten gemacht habe, dass mir daraus im richtigen Moment die richtige Idee kommt.

Ich glaube, beim Bauchgefühl handelt man aus der Erfahrung heraus, aus den guten Erfahrungen, die man im Leben gemacht hat. Das Bauchgefühl versucht, die zu reproduzieren. Intuition dagegen ist für mich das originär Neue. Man handelt nicht aus Erfahrung, sondern aus Erkenntnis. Die

Erkenntnis findet aber immer im Moment, im Jetzt, statt, und dazu braucht es Offenheit. Man spricht dann von einem Geistesblitz. Der ist einfach da und ist genau das Richtige für diesen Moment. Das gilt für ganz banale Situationen und auch für ganz wichtige Entscheidungen, die man zu treffen hat.«

Wie kommt man zu dieser Fähigkeit?

»Vielleicht muss ich grundsätzlicher anfangen: Ein Manager ist der, der die Dinge richtig macht. Die Engländer haben einen schönen Begriff dafür: ›to do the things right‹. Aber für den unternehmerischen Manager gilt: ›to do the right things‹. Es geht also darum, die richtigen Dinge zu tun. Intuition ist, zu wissen, worauf es ankommt. Der Blick ist in die Zukunft gerichtet. Wenn man intellektuell lernen will, braucht man Reflexion, da denkt man über Geschehenes nach. Der Unternehmer ist dazu da, dass er Neues findet. Es geht nicht darum, ausgetrampelte Pfade noch weiter auszutrampeln. Wenn man das Neue erkunden will, braucht man Antizipation. Man denkt aus dem Bestehenden heraus weiter. Das findet im Geist statt, dafür gibt es keine Empirie. Empirie ist in die Vergangenheit gewandte Erkenntnis. Der Unternehmer braucht in die Zukunft gewandte Erkenntnis. Das ist die Intuition. Mit der in die Zukunft gewandten Erkenntnis erlangt man – das kann ich Ihnen aus Erfahrung sagen – plötzlich eine innere Sicherheit. Es ist ein Evidenzerlebnis. Ich kann dann im Moment nicht sagen, warum, aber ich weiß genau: Das ist es.«

Wie kann man das trainieren?

»Wir müssen aufpassen, dass wir die Intuition nicht zu einer Art Patentrezept machen. Intuition ist etwas, was stattfindet, wenn die Konstellation es erlaubt. Intuition zu haben, ist immer eine Gnade. Wenn Sie die Intuition herbeizwingen wollen, dann entfernt sie sich immer weiter. Intuition heißt, innerlich einen Sog erzeugen und keinen Druck ausüben. Das ist wie bei den Menschen. Wenn Menschen unter Druck gesetzt werden, geht die Schöpferkraft zurück. Wenn Sie einen Sog erzeugen, dann bringen Sie sich ein, drücken sich aus. Hier bin ich Mensch, hier drück ich mich aus. Das ist eine seelische Situation, die man schafft. Die darf nicht getrimmt sein auf Angriff, sondern die muss getrimmt sein auf geschehen lassen können.«

Das verlangt aber auch den Mut, Kontrolle abzugeben?

»Das Prinzip ist Demut und Dankbarkeit. Zum Mut gehört auch Demut, und ein Mensch, der nicht tief innerlich dankbar sein kann, wird wahrscheinlich selten Intuition erleben. Das muss man lernen. Gerade wenn man Erfolg gehabt hat und das nicht nur feiert, sondern auch reflektiert, dann stellt man fest, dass da doch viele geholfen haben. Da waren viele beteiligt, die mich unterstützt haben, die mich gefördert haben, die mich beschützt haben. Der Erfolg, das war nicht zu 95 Prozent ich. Zu einem hohen Prozentsatz hat das zum Erfolg geführt, was andere mit eingebracht haben. Wenn man die Demut nicht aufbringt, das anzuerkennen, dann haben die geistigen Kräfte kein Interesse mehr an einem. Und die geistigen Kräfte drücken sich durch Einfälle, durch die Intuition aus.

Dankbarkeit und Demut sind etwas, was Intuition anzieht. Selbstherrlichkeit und Aggressivität sind Eigenschaften, die Intuition abstoßen. Wenn man dieses innere Bewusstsein der Dankbarkeit in sich pflegt und kultiviert, ist das ein guter Nährboden für Intuition. Da schlagen Intuitionen gerne ein. Mit anderen Menschen zusammenwirken, heißt, bewusst oder unbewusst immer über sich selbst hinauszuwachsen. Alles, was wir an Leistungen hervorbringen, muss zum Ziel haben, die Entwicklungsmöglichkeiten der Menschheit, oder auch nur eines Menschen oder einer Gruppe, zu fördern. Das schafft Raum für Intuition. Nicht umsonst gibt es das Paulus-Wort: ›Wenn zwei oder drei in meinem Namen zusammen sind, bin ich mitten unter ihnen.‹ Wenn man mit anderen zusammen Dinge anstrebt, die wiederum für andere sein sollen, dann hat man einen sehr schönen Nährboden für Intuition geschaffen.«

Wie gelingt es, in der Zusammenarbeit einen Sog für gute Ideen, für Intuition, zu erzeugen?

»›Fragekultur‹ nennen wir das bei uns im Unternehmen. Das ist die Wandlung vom Direktor, der mit Direktiven führt, zum Evokator, der mit Fragen führt. Gerade in der heutigen Unternehmensführung kommt es nicht darauf an, dass man gute Antworten gibt, sondern es kommt viel mehr darauf an, dass man gute Fragen stellt. Der ist der beste Unternehmer, der die interessantesten Fragen stellt. Fragen öffnen Bewusstsein. Wenn der Kollege mit neuen Fragen aus meinem Büro geht, dann sucht er weiter. Wenn er mit meiner Antwort rausgeht, ist für ihn alles erledigt. Dann sagt er: ›Der Herr Werner hat das gesagt, jetzt kann mir nichts mehr passieren. Wenn es schiefgeht, ist der Herr Werner verantwortlich.‹ Wenn er mit einer Frage rausgeht, ist er mitverantwortlich: ›Oh, da muss ich drüber nachdenken.‹«

Wer nicht die Fähigkeit hat,
die den Dingen entsprechende Intuition zu finden,
dem bleibt die volle Wirklichkeit verschlossen.

RUDOLF STEINER

»Intuition hat für mich sehr viel mit Wahrnehmung zu tun. Wenn ich ein Objekt wahrnehme, dann sagt dieses Objekt mir, wie ich mit ihm umzugehen habe. Genau das ist für mich Intuition: Es ist ein Hinhören, Hineinspüren und Offensein für das, was zu mir kommen will. Wenn man Interesse hat an seiner Arbeit oder an einem Objekt, dann ist man ganz offen. Irgendwann macht man dann kleine Entdeckungen. So war das für mich beim Putzen. Wenn wir reinigen, wenn wir pflegen, dann entsteht eine sehr starke Beziehung zu dem Raum, zu dem Haus, in dem wir wirken. Und sobald eine Beziehung da ist, entsteht Kommunikation. Für mich ist Intuition diese Kommunikation. Ganz gleich, ob das Menschen sind, oder Tiere oder Pflanzen oder ein Raum – man spürt, was sie gerade brauchen«, sagt Linda Thomas.

»Ich bin eine von diesen Frauen, die immer nur einen Herzenswunsch als Beruf hatten: Hausfrau und Mutter sein. Wie so oft im Leben ist es aber ganz anders gekommen.« In Südafrika geboren, heiratete Linda Thomas einen Schweizer und zog in die Nähe von Basel. Hier gründete sie 1988 ein »ökologisches Reinigungsinstitut«.

»Beruflich zu putzen, war für mich keine Selbstverständlichkeit. Ich bin Südafrikanerin und in der Apartheid-Ära aufgewachsen. Wir waren arm. Wir lebten von der Erde und mussten früh lernen, Gemüse zu pflanzen, Obst zu ernten. Wir Mädchen lernten kochen und backen und Kleider zu stopfen, nur putzen mussten wir nie, nicht einmal unsere Schuhe. Selbst die ärmsten weißen Südafrikaner hatten Bedienstete, da die Einheimischen noch ärmer waren. Mit der Putzfirma begab ich mich also auf eine spannende Entdeckungsreise. Bald musste ich aber feststellen, dass mir bei meiner Arbeit oft zwei Dinge begegnen: Gleichgültigkeit und manchmal auch Respektlosigkeit. Die berufsbedingte Invalidität ist unter Reinigungsleuten sehr hoch. Wenige haben gelernt, bei der Arbeit mit ihrem Körper gut umzugehen. Hinzu kommt, dass viele Menschen, die reinigen, das machen, weil sie nichts anderes finden. Sie haben keine Beziehung zu den Orten, die sie reinigen, wissen nie, für wen sie arbeiten, und kriegen nie ein Dankeschön. Das macht unzufrieden. Da entstehen Härte und Gleichgültigkeit, und so kann man nicht gesund bleiben. Eine Zeit lang musste ich nachts putzen, weil ich mir damals keinen Babysitter leisten konnte. Sobald ich meine Kinder ins Bett gebracht hatte, ging ich selbst schlafen, um gegen Mitternacht, als dann Mann und Kinder fest schliefen, wieder aufzustehen und bis etwa fünf Uhr in der Früh eine Schule sauber zu machen. Obwohl Hunderttausende von Menschen dies täglich tun, war das eine besondere Herausforderung für mich. Es war eine harte Zeit. Aber ich habe dabei auch Zugang zur Intuition gefunden.«

Wie ging das vor sich?

»Bei dieser Nachtarbeit, während ich rhythmisch die Gänge hoch und runter lief, hatte ich viel Zeit, nachzudenken über diese Tätigkeit und den Sinn des Lebens überhaupt. Immer wieder tauchten diese Fragen in mir auf: Wie halte ich das für die nächsten Jahre aus? Wie wirken eigentlich die verschiedenen Räume auf die Menschen? Kann ich diese Raumstimmungen durch meine Arbeit beeinflussen? Kann ich etwas dafür tun, dass es dem Raum und den Menschen, die darin wirken, nach meinem Putzen besser geht? Ich erlebte die Räume immer als ganz unterschiedlich und fragte mich: Wie wirkt dieses oder jenes Klassenzimmer wohl auf die Schulkinder? Oder ein Schlafzimmer auf das darin schlafende Kind, oder ein Büro oder ein Therapieraum auf die darin arbeitenden Menschen? Indem ich diesen Fragen Raum gab, kamen mir nach und nach auch Antworten. Die Frage des Aushaltens beantwortete ich mir innerlich durch einen Satz, der mir irgendwann begegnet ist: ›Wenn du nicht tun kannst, was du liebst, so lerne zu lieben, was du tust.‹ Aber wie lernt man, Putzen zu lieben?

Ich erinnerte mich an eine Legende, die ich gehört hatte: In einem Kloster lebte ein ganz einfacher Mönch. Er verrichtete all die Arbeiten, die von den anderen wenig geschätzt wurden: Putzen, Geschirrabwaschen, Bodenwischen. Dabei hatte er eine Eigenart, er begleitete jede Tätigkeit mit einem Spruch: ›Lieber Gott, sowie ich diese Teller gespült hab, schick mir einen Engel, um mein Herz ebenso reinzuwaschen‹ oder, wenn er den Boden wischte: ›Lieber Gott, schick mir einen Engel, der mich begleitet, damit jeder Mensch, der diesen Boden betritt, von der Gegenwart dieses Engels berührt werden darf.‹ Die Legende sagt, irgendwann, nach vielen Jahren, war der Mönch erleuchtet, und viele Menschen kamen, um seine Weisheit zu hören.

Ich erinnerte mich auch an eine Begebenheit aus meiner Kindheit: Mein Großvater war bei einem Autounfall gestorben, und die Großmutter zog zu uns. Meine Mutter hat uns Mädchen gerufen, und wir durften der Oma etwas Liebes tun, damit sie nicht mehr so traurig ist. Wir machten ihr jeden Tag das Bett. Am allerwichtigsten war das Kopfkissen. Das sollten wir am Fenster kräftig schütteln und ausklopfen, damit all ihre Tränen und all ihre Traurigkeit davonfliegen konnten. Als ich mich während meiner Arbeit wieder an dieses Kindheitserlebnis erinnerte, weckte das in mir wieder das Gefühl, mit dem ich diese Aufgabe damals ausgeführt hatte. Es war völlige Hingabe und Liebe, die ich damals als Kind empfand. Ich dachte, wenn ich bei meinem Putzen dieses Gefühl wiedererleben kann, dann kann ich diese Arbeit lieben lernen. Dann hab ich das geübt, wirklich geübt. Ich versuchte, ganz bewusst mit dieser Liebe zu putzen und etwas aus den Dingen herauszuschütteln oder wegzuwischen. Zunächst war das eine Überlebensstrategie, die mir Halt und Kraft gab. Ich entdeckte aber dadurch auch einen tieferen Sinn in meiner Arbeit, und das erfüllte mich mit großer Freude.

Je länger ich mit dieser Einstellung arbeitete, desto mehr lernte ich, mich bewusst mit der Arbeit zu verbinden. Mir wurde dabei klar, dass sich das Reinigen immer auf drei Ebenen gleichzeitig abspielt: Ich nehme Schmutz weg, ganz physisch. Zugleich reinigt das etwas in mir. Und außerdem möchte ich den Menschen, die später in diese Räume kommen, ein Geschenk hinterlassen. Heute, nach mehr als 20 Jahren, kann ich sagen, dass ich meine Arbeit, das Putzen, wirklich lieben gelernt habe. Ich machte eine wichtige Entdeckung: Es besteht ein großer Unterschied zwischen putzen und pflegen. Wenn wir putzen, nehmen wir Dreck weg.

Das Resultat hält meist nicht lange an. Die Flure sind noch nicht ganz fertig geputzt, schon läuft wieder jemand darüber. Wenn wir aber versuchen, mit unserem vollen Bewusstsein und mit Liebe diese Arbeit zu tun, dann verwandeln wir das Putzen ins Pflegen. Die ganze Atmosphäre ändert sich. Und das Schöne daran ist, die Wirkung davon hält wesentlich länger an als das bloße Schmutz-Wegnehmen.«

Wie kann Putzen auch etwas in uns selbst reinigen?

»Ich denke, das kennen wir eigentlich alle: Wenn wir uns gestresst fühlen oder durcheinander sind, dann haben wir das Bedürfnis aufzuräumen, und oft hilft das. Ein Journalist hat mir einmal gesagt, wenn er nicht mehr schreiben kann, dann weiß er, jetzt muss er ganz dringend sein Büro von oben bis unten aufräumen. Sobald der Raum wieder frei ist, kommen die guten Gedanken zurück, und er kann wieder kreativ sein. Ich selbst erlebe das bei diesen ganz einfachen Arbeiten. Wenn ich auf die Knie gehe, um ganz bewusst eine Toilette zu putzen, dann erlebe ich die Welt völlig anders. Kein Mensch kann überheblich sein, wenn er sauber macht. Wenn wir das bewusst und mit Liebe machen, ist das immer eine Hingabe. Es ist etwas Dienendes, und ich glaube, deswegen kann es auch so verwandeln. Der Dichter Khalil Gibran hat das sehr schön formuliert: ›Arbeit ist Liebe sichtbar gemacht.‹ Es ist dieses sich bedingungslos Verbinden mit der Materie. Das ist, glaube ich, am wichtigsten. Dann beginnen die Räume und die Objekte, mit mir zu kommunizieren.«

Weil Intuition zugleich Verständnis und Empfindung ist, durchdringt sie die Wirklichkeit mit einem Blick.
OMRAAM MIKHAËL AÏVANHOV

Seit mehr als 25 Jahren forscht Dr. Regina Obermayr-Breit-fuß aus Linz zum Thema »Intuition«. Eine mehr als 500 Seiten dicke Doktorarbeit ist Ausdruck dieser intensiven Studien im Grenzbereich der traditionellen Wissenschaften. Ein Ergebnis ihrer Forschungsarbeiten: Durch eine klare Fragestellung können wir bewusst und jederzeit den Zugang zu unserer Intuitionsfähigkeit aktivieren.

»Die Kunst, die richtige Frage zu stellen, öffnet in uns den intuitiven Kanal. Das belegt meine Forschung. Grundlage dafür waren die Arbeiten der amerikanischen Psychologin Gail Ferguson. Sie hat fast 20 Jahre lang untersucht: Was ist die richtige Frage für die Intuition? Sie unterscheidet verschiedene Gedankendisziplinen: Erinnern, Verstandesdenken, Wünschen, Phantasieren und Intuieren. Sie hat erkannt: Es hängt von unseren Fragen ab, welche dieser Gedankendisziplinen wir aktivieren. Die Fragen öffnen sozusagen verschiedene Kanäle in uns. Wenn ich mir etwa die Frage stelle: ›Wie war mein erster Schultag?‹, dann wird sofort mein Erinnerungsvermögen angeklickt. Fragen nach dem Warum aktivieren das Verstandesdenken, dann beginne ich zu grübeln. Den Intuitionskanal erreicht man mit der Frage: ›Was weiß ich über …?‹ Jeder ergänzt den Satz dann mit seinem persönlichen Thema. Die Fragen sollen möglichst kurz, klar und präzise sein. Anschließend wartet man auf die Antwort aus dem intuitiven Kanal. Man lenkt die Aufmerksamkeit dabei wie einen Lichtstrahl immer wieder auf die Frage. Für die Antworten sollte man empfangsbereit sein, wie eine offene Schale. Sie kommen von selbst. Man kann sie nicht willentlich herbeiführen oder gar erzwingen. Man kann nur willentlich die Frage stellen und die ganze Aufmerksamkeit auf diese Frage lenken. Der Rest kommt von selbst. Intuition ist eine Eingebung. Wenn etwas kommt, sollte man es aufschreiben oder, je nachdem, auch aufzeichnen. Wenn die Antworten überraschend oder zunächst verwirrend sind, ist die Wahrscheinlichkeit groß, dass es sich um intuitive Information handelt. Nach einer Weile kann dann der Verstand die einzelnen Informationen erfassen und sich ein Bild daraus machen. In praktischen Experimenten hat sich bei meinen Forschungsarbeiten gezeigt, dass es tatsächlich so ist. Mit der Konzentration auf die Frage: ›Was weiß ich über …?‹, kommt man in den intuitiven Kanal.«

Wie sahen diese Experimente aus?

»Auch diese Experimente gehen ursprünglich auf Gail Fergusons Ansätze zurück. Sie nennt das ›Objektreading‹. Objekt kann jede Art von Gegenstand sein: Werkzeug, Spielsachen, Haushaltsgegenstände, was auch immer, auch Pflanzen. ›Reading‹ heißt in diesem Zusammenhang: das intuitive Lesen eines Gegenstandes in all seinen unterschiedlichen Aspekten wie Form, Material, Farbe oder Dynamik, aber auch in Bezug auf seine Geschichte. Das geschieht aus der Ferne. Die Experimente zeigen: Wir alle haben eine natürliche intuitive Fähigkeit zur Fernwahrnehmung. Sie ist allerdings bei jedem unterschiedlich stark ausgeprägt. Das ist für viele noch ungewohnt und überraschend. Aber ich kann wissenschaftlich belegen: Fernwahrnehmung ist möglich. Ich stelle seit vielen Jahren im wöchentlichen Turnus jeweils einen anderen Gegenstand in eine bestimmte Ecke meines Büros. Das ist die sogenannte Intuitionsecke. Zum Erstaunen vieler ist es uns möglich, auch aus vielen Kilometern Entfernung Informationen zu diesem Gegenstand zu erhalten, direkt über unsere Intuition, ohne ihn gesehen oder sonst wie etwas darüber erfahren zu haben. Jeder kann das für sich ausprobieren.«

Wie geht das?

»Es ist verblüffend einfach. Man schließt die Augen. Man stellt eine Frage, die genaue Angaben zu dem Ort enthält, an dem das Objekt steht, und allein mit dieser Frage öffne ich den intuitiven Kanal. Ich frage: ›Was weiß ich über das Objekt, das dort und dort in der Intuitionsecke steht?‹ Man lenkt die Aufmerksamkeit hin zu dieser Frage, bleibt verbunden mit der Fragestellung, und dann wartet man, ob irgendetwas kommt. Ich bin dann in einem leeren, ausgelieferten Zustand und warte, bis die Informationen kommen, wie ein Radarsystem in einem empfangsbereiten Zustand. Dabei bleibe ich einfach verbunden mit meiner Fragestellung. Um die Konzentration aufrechtzuerhalten, kann ich die Frage auch öfter wiederholen. Ich bin dabei ganz zuversichtlich, dass etwas kommt. Die Antwort kommt ganz sicher. Dann lernt man allmählich die Sprache der Intuition. Die Intuition sagt uns nicht sofort: ›Da ist ein Wasserglas in der Intuitionsecke.‹ Bei diesem Beispiel würde vielleicht zunächst einmal in uns ein Kreis als Bild erscheinen. Dann folgt möglicherweise das Wort ›Glas‹, dann die Information: Das Objekt ist so hoch und so dick und hat dieses oder jenes Gewicht. Wir erfahren vielleicht auch, ob das Objekt gekauft oder gestohlen wurde. Das war für mich das Überraschendste: Man kann die gesamte Geschichte des Objekts erfahren. Das heißt, man kann intuitiv Information darüber bekommen, wie und wo das Objekt hergestellt oder verwendet wurde. Es erschließt sich von Information zu Information. Je ruhiger und klarer die Gefühle dabei sind, desto deutlicher ist die Information. Man braucht dazu nur eine gewisse Übung. Die inneren Sinnesorgane, die dafür in uns allen schlummern, müssen erst wieder trainiert werden, zumindest bei uns Europäern. Für Menschen in anderen Kulturkreisen sind das ganz natürliche Fähigkeiten. Das habe ich zum Beispiel auf Forschungsreisen in Hawaii erlebt. Wir Europäer müssen meist erst wieder üben.

In meinen Seminaren gebe ich die Anweisung, sich möglichst aufrecht hinzusetzen, die Augen zu schließen und die Aufmerksamkeit nach innen zu richten. Jetzt kann ich mich frei entscheiden, ob ich mein Gehirn auf Erinnern, auf logisches Denken, auf Phantasieren, auf Wünschen oder auf Intuieren schalte. Welchen Kanal ich aktiviere, hängt, wie gesagt, von der Art der Frage ab. Das hat sich bei den Experimenten tatsächlich gezeigt. Andere Fragen aktivieren andere Resonanzen. Wenn ich zum Beispiel frage: ›Was könnte das sein?‹ statt: ›Was weiß ich über?‹, dann bin ich sofort im Raten. Ich aktiviere dann meinen Verstand. Durch jedes Wort setze ich einen Impuls, jedes Wort hat eine Schwingungskraft. ›Was‹ – ›weiß‹ – ›ich‹?: mit diesen drei Schwingungsfeldern komme ich ganz von selbst in Resonanz mit der Intuition.«

Wie sah der wissenschaftliche Rahmen für Ihre Experimente aus?

»Für die wissenschaftliche Überprüfung der Fernwahrnehmung habe ich einen Forschungsverein gegründet. Mit zehn Frauen habe ich dann ein ganzes Jahr lang die Intuitionsfähigkeit trainiert. Die Ergebnisse wurden systematisch aufgezeichnet und ausgewertet. Das war die Basis für meine Doktorarbeit, zu der mich Professor Dr. Dr.

Andreas Resch, der Direktor des Instituts für Grenzgebiete der Wissenschaft an der Universität Innsbruck, ermutigte.«

Wie waren die Reaktionen aus der Wissenschaft auf Ihre Forschungsergebnisse?

»Ich habe den Eindruck, es schmilzt langsam die Angst vor der geistigen Dimension. Das mechanistische Weltbild war lange Zeit sehr wichtig. Daraus hat sich die ganze Technik entwickelt. Man meinte beinahe, auch der Mensch sei eine Maschine und bis in die Details hinein analysierbar. Jetzt spüren wir aber, dass der Mensch aus mehr besteht als nur aus zusammengesetzten Molekülen. Einstein hat mit seiner berühmten Formel $E = mc^2$ gezeigt, dass auch Materie eine Energieform ist. In vielen Bereichen sagt uns die moderne Forschung: Nichts existiert für sich alleine, alles existiert nur in Beziehung zu anderen. Ich glaube, es ist an der Zeit, dass wir uns hineinwagen in diesen Bewusstseinsbereich, der für viele Menschen schon gegenwärtig ist. Jeder Wissenschaftler muss Fragen stellen. Und aus den Fragen entstehen Hypothesen. Das war bei mir genauso. Nur habe ich noch Fragen zu den Fragen gestellt. Was allerdings für die Wissenschaft nicht einfach ist: Man kann sie feststellen, die Phänomene beim Objektreading treten tatsächlich auf. Aber noch kann niemand wirklich erklären, wie das möglich ist. Diese Ungewissheit, die muss man aushalten lernen. Aber ein Wissenschaftler hat ja die Aufgabe, zu erforschen, was man noch nicht weiß.«

Wie erklären Sie sich persönlich das Phänomen »Fernwahrnehmung«?

»Meine Erklärung ist, dass wir alle in einem großen Informationsfeld leben und mit Hilfe der Intuition zu diesem

Informationsfeld Tag und Nacht Zugang haben. Dabei wird uns auch bewusst, wie sehr wir alle miteinander verbunden sind, und daraus ergibt sich, welche Verantwortung wir eigentlich tragen bei unserer Alltags- und Lebensgestaltung. Für mich ist das Fernwahrnehmen von Objekten eine Schulung. Die Übung klingt leicht, ist aber tatsächlich nicht so einfach. Materie ist eine sehr verdichtete Substanz. Information von Materie intuitiv zu erfassen, ist sicher schwieriger, als intuitiv zu sein im Umgang mit anderen Menschen. Aber Materie hat den Vorteil, dass ich den Gegenstand nach der Übung eindeutig sehen kann. Das heißt, ich kann sofort überprüfen, ob ich hängen geblieben bin in der Einbildung oder nur geraten habe, ob es Wunschdenken war oder Phantasie. Das heißt, ich lerne allmählich, sehr präzise zu werden, sehr genau zu werden. Das Objektreading halte ich genau deshalb für so eine zentrale Übung, weil es die Unterscheidungsfähigkeit schult. Von Intuition kann ich sprechen, wenn ich dies selbst erlebe: Ich kann tatsächlich aus der Ferne wahrnehmen. Da sind die meisten Menschen sehr erstaunt. Wichtig ist erst einmal, Vertrauen zu gewinnen, dass dies überhaupt möglich ist. Dann kann man anfangen, diese Fähigkeit in den Alltag zu integrieren.«

Intuition – Der Kreis schließt sich

Es gibt keinen Weg zum Glück.
Glück ist der Weg.
Gautama Buddha

Unsere Reise auf den Spuren der Intuition hat mich verändert. Sie hat mir einen anderen Blick auf mich und auf die Welt geschenkt. Ich nehme heute vieles bewusster wahr, erkenne größere Zusammenhänge. Ich denke, dass es eine Zeit gab, in der es dringend notwendig war, unser rationales Verstandesdenken zu entwickeln und unser Ich-Bewusstsein auszuloten. Doch wir sind mehr als unser Denken. Ich glaube, es ist Zeit, dass wir die Intuition wieder neu entdecken und ihr Potenzial im Zusammenspiel mit unseren Verstandeskräften erkennen.

»Ich denke, dass Intuition ein Aspekt des erleuchteten Bewusstseins ist. Es geht darum, aufzuwachen und zu erkennen, dass wir die Erfüllung von Weisheit und Liebe sind«, sagt Tenzin Palmo, die als buddhistische Nonne viele Jahre meditierend in einer einsamen Höhle im Himalaja verbrachte. »Unsere kleinliche Vorstellung vom ›Ich‹, die auf Erinnerungen basiert, unsere Persönlichkeit, unser Geschlecht, unsere Rasse und Nation, unsere Berufe und so weiter – das alles ist nur so ein kleiner Ausschnitt unseres tatsächlichen Potenzials. Wir sind in Wahrheit wirklich unglaublich. Wir sind Buddhas. Wir sind Götter. Aber wir erkennen das nicht. Wir identifizieren uns mit etwas so Kleinem und Armseligem, während in uns tatsächlich ständig diese unglaubliche Quelle der Weisheit, des Mitgefühls, des Wissens und des Verständnisses sprudelt und nur darauf wartet, erkannt zu werden. Das ist unsere Tragödie als Menschen: Wir haben so unglaubliches Potenzial, und schaut, was wir daraus machen.«

Sehet, das Reich Gottes ist inwendig in euch.
Jesus Christus

»Meine Intuition sagt mir, es wird Zeit, dass wir ein neues Verständnis von Gott, Mensch und Welt zulassen. Wir sind nie außerhalb des göttlichen Stromes. Wir sind nicht Menschen, die von Zeit zu Zeit eine mystische Erfahrung machen. Wir sind vielmehr nicht materielles Bewusstsein, das zeitweise eine menschliche Erfahrung macht«, sagt Pater Willigis Jäger. »Christlich ausgedrückt heißt das: Wir sind göttliches Leben, das Mensch geworden ist, das diese menschliche Erfahrung macht. Unsere wichtigste Aufgabe ist es, ganz Mensch zu sein. Was ich Gott nenne, möchte in mir Mensch sein, jetzt, an diesem Ort, in dieser Gestalt.«

Materie an sich gibt es nicht,
es gibt nur den belebenden,
unsichtbaren, unsterblichen Geist
als Urgrund der Materie.
Max Planck

233

»Niemand von uns nimmt die Welt so wahr, wie sie in Wirklichkeit grundlegend aufgebaut ist. Die Welt, die wir sehen, besteht eigentlich aus Billionen sich gemeinsam bewegender und sich gegenseitig beeinflussender Partikel und Atome«, sagt der Experimentalphysiker Professor Dr. Anton Zeilinger. Seit Jahren ist der Österreicher ein hoch gehandelter Kandidat für den Physik-Nobelpreis. In der Presse wird er gern als »Mr. Beam« bezeichnet. Das ist vielleicht auch eine Anspielung auf seinen Humor, verweist aber vor allem auf seine bedeutendste wissenschaftliche Leistung. Anton Zeilinger und sein Team waren vor einigen Jahren an der Universität Innsbruck mit einem Experiment erfolgreich, das bis dahin nur als phantastische Technik in Science-Fiction-Romanen möglich schien: die Teleportation. In Zukunftsromanen werden damit Menschen oder Objekte im Handumdrehen durch das All befördert. So weit ist die moderne Physik noch nicht. Zeilinger, der inzwischen an der Universität Wien arbeitet, ist es jedoch in zahlreichen Experimenten gelungen, Photonen, also Lichtteilchen, durch Teleportation auf die Reise zu schicken.

Was bedeuten die neuesten Entdeckungen der modernen Physik für unser Weltbild?

»In der Physik und ganz allgemein in den Naturwissenschaften gehen die meisten davon aus, dass wir eine Wirklichkeit untersuchen, die an sich existiert, mit all ihren Eigenschaften. Diese Auffassung ist in der modernen Physik nicht mehr haltbar. Wir können in Experimenten nachweisen, dass in gewissen Situationen die Annahme, die Dinge hätten die Eigenschaften, die wir beobachten, bereits vor unseren Beobachtungen oder Messungen gehabt, falsch ist.

Das könnte bedeuten, dass die gesamte Realität abhängig ist von unserer Beobachtung. Das klingt für viele noch verrückt. Aber es ist nicht zu widerlegen. Erkennen und Sein bedingen einander und bauen die Welt gemeinsam auf. Das heißt, bisher meinte man: Zuerst ist die Welt da, und aus der leite ich Information ab. Es scheint aber so zu sein, dass Information auch umgekehrt bestimmt, was Wirklichkeit sein kann. Das ist ein ganz neuer, aufregender Ansatz, und diese Ansätze laufen genau in Richtung der Frage: ›Was ist Wirklichkeit?‹«

Was glauben Sie persönlich?

»Meine persönliche Meinung ist, dass es mit der rein materiellen Existenz nicht getan ist. Ich persönlich glaube, dass es so was wie eine geistige Ebene gibt, die über die eigene Persönlichkeit hinausgeht. Der Physik-Nobelpreisträger Erwin Schrödinger, einer der Väter der Quantenphysik, hat gemeint, dass wir Teil eines einzigen großen Bewusstseins sind, das alle Individualbewusstseine beinhaltet. Aber es gibt noch verschiedene andere Interpretationen. Es könnte durchaus sein, dass die weltanschaulichen Konsequenzen aus der Quantenphysik noch radikaler sind als alle Ansätze, die wir bisher gedacht haben. Und das glaube ich persönlich.

Wir arbeiten mit der modernen Physik seit mehr als 100 Jahren. Die moderne Technik, die sich daraus entwickelt hat, bestimmt unser Leben: Computer, Handys, Laser, Atomkraftwerke. Bis heute haben wir aber noch nicht verstanden, worum es dabei wirklich geht. Ich würde behaupten, wenn mit einer der traditionellen philosophischen oder auch metaphysischen Erklärungen eine Lösung möglich wäre, hätte man das schon gefunden. Ich glaube, in der Quantenphysik ist eine konzeptuelle Zeitbombe verborgen, die unser Weltbild verändern wird. Schrödinger meinte schon 1935, dass manche Erkenntnisse aus der Quantenphysik uns zwingen, von unseren lieb gewordenen Vorstellungen, wie die Welt funktioniert, Abschied zu nehmen. Was ist Wirklichkeit? – Ich bin sicher, dass der Weg zur Beantwortung dieser Frage nur über eine neue Intuition kommen kann. Die neue Intuition kann sich nur durch eine enge Zusammenarbeit von Physikern und Philosophen entwickeln, die sich ernsthaft mit dem Thema auseinandersetzen und das Problem von allen Seiten beleuchten, es hin und her diskutieren. Plötzlich sieht man es dann. Das ist oft so in der Wissenschaft. Ich persönlich hoffe, dass ich noch am Leben bin, wenn ein junger, gescheiter Mensch das findet.«

Was aber ist Intuition?

»Was ist Intuition? – Ehrlich gesagt, ich weiß es nicht. Es ist offenbar eine Quelle für neues Wissen. Ich hoffe, dass wir auch die Intuition eines Tages besser verstehen werden. Dabei würde es mich sehr überraschen, wenn mich das Wissen dann nicht sehr überraschen wird.«

Das Leben ist kein Problem, das es zu lösen,
sondern eine Wirklichkeit, die es zu erfahren gilt.
Gautama Buddha

»Ich habe seit vielen Jahren die Intuition, dass wir eigentlich gar kein Erkenntnisdefizit haben. Das ist eine Vorstellung, die wir noch aus dem vorigen Jahrhundert mit uns herumschleppen: Wenn wir nur die richtige Pille fänden, wenn wir nur die richtige Erkenntnis über das Universum oder über die Elementarteilchen oder über unser Hirn hätten, dann wäre alles gut. Ich glaube, das ist längst vorbei. Wir wissen so viel. Wir wissen, was wir machen müssten, damit es anders würde auf unserer Welt, aber wir machen es nicht. Wir haben kein Erkenntnisdefizit, sondern ein Umsetzungsdefizit. Wir kommen mit all dem wunderbaren Wissen, das wir haben, nicht zu Potte«, sagt der Hirnforscher Professor Dr. Gerald Hüther. »Mich interessiert, wie es manchen dennoch gelingt. Ich suche die inspirierenden Beispiele in den Familien, in den Kindergärten, in den Schulen, in den Vereinen, wo es plötzlich gelingt, eine dumpfe Ressourcennutzungsgemeinschaft in eine blühende Entfaltungsgemeinschaft zu verwandeln. In diesen neuen Gemeinschaften stellt sich auch eine neue Frage: ›Wen meinen wir, wenn wir ‚Wir' sagen?‹ Wo das ›Ich‹ aufhört, ist uns einigermaßen klar. Wer ›Wir‹ sind, fangen wir gerade erst an zu begreifen. Wir haben uns sehr weit voneinander entfernt und vergessen oft, dass wir miteinander verbundene, voneinander abhängige und aneinander wachsende Einzelwesen sind. Langsam sehen wir jetzt unsere gemeinsamen Wurzeln wieder und beginnen zu verstehen, dass alle Menschen überall auf der Welt mit den gleichen Bedürfnissen, Hoffnungen und Ängsten unterwegs sind. Das gab es in dieser globalen Weise bisher noch nicht. Unsere Kinder werden vielleicht gar nicht mehr verstehen, dass es einmal eine Zeit gab, in der die Menschen, wenn sie ›Wir‹ sagten, nicht alle Menschen meinten.

Für unsere Urgroßeltern war es noch unvorstellbar, dass sich die Beziehungen zwischen den Völkern Europas irgendwann einmal so entwickeln würden, wie das inzwischen geschehen ist. Wenn sie damals ›Wir‹ sagten, dann verstanden sie sich zwar auch als Teil einer Gemeinschaft, zu der man gehört und in der man sich so gut wie möglich hilft, um Probleme zu lösen und Bedrohungen abzuwenden. Aber damals war der Kreis derjenigen, die sie mit diesem ›Wir‹ meinten, noch sehr beschränkt. Für die meisten war hinter der eigenen Landesgrenze Schluss mit dem ›Wir‹-Bewusstsein. Bei manchen auch schon im Nachbardorf. Bei einigen bereits hinter dem eigenen Gartenzaun. Dort, auf der anderen Seite, lebten die anderen, die einem auf die Nerven gingen, die man als Konkurrenten oder Störenfriede betrachtete und manchmal mit allen Mitteln als Feinde bekämpfte. Heute gibt es Gemeinschaften mit einem anderen Geist, mit einem anderen ›Wir‹-Bewusstsein, und ich versuche herauszufinden, was deren Geheimnis ist, wie die das geschafft haben.«

Was haben Sie herausgefunden?

»Intuitiv weiß das jeder. Wir Menschen müssen wieder Zugang zu uns selbst finden. Wir müssen intuitiv spüren, was wir ursprünglich einmal wollten, was unsere größte Sehnsucht ist. Das müssen wir austauschen mit anderen und uns gegenseitig Mut machen, es umzusetzen. Dann müssen wir einfach loslaufen mit dieser Kraft, dann gelingt es. Es ist immer einer, ein Schullehrer, ein Direktor, ein Unternehmer, der plötzlich diesen Sprung wagt und eine andere Kultur in sein Unternehmen oder in die Gemeinschaft bringt. Dann breitet sich ein anderer Geist aus. Jeder kann es spüren, wenn er in eine Gruppe von Menschen kommt, in der ein Potenzialentfaltungsgeist herrscht: Das ist attraktiv. Es macht Spaß, mit denen zu arbeiten. Man spürt auf der anderen Seite auch sofort, wenn man in einer Ressourcennutzungsgemeinschaft unterwegs ist: Einer gönnt dem anderen nichts. Jeder versucht, den anderen auszutricksen und sich selbst auf Kosten der anderen zu bereichern. Hier wertet man sich selbst auf durch Abwertung anderer. Ich dagegen suche nach Beispielen, wo es gelingt, wieder Verbundenheit zu erfahren, mit der Natur, mit anderen Menschen und mit uns selber, mit unserem Körper und unseren Gefühlen. Die frohe Botschaft heißt: Es gibt sie! Man muss nur richtig hingucken. Das Heilende wächst oft im Verborgenen. Das Kunststück besteht nicht darin, alles neu zu erfinden, sondern zu entdecken, was schon da ist. Das sollten dann die Leuchttürme werden, die weithin sichtbar machen: Es geht!«

Sich selbst zu erkennen, bedeutet,
seine Identität mit allem und jedem zu erkennen,
ohne dass irgendetwas ausgeschlossen ist und
ohne die geringste Spur des Zweifels.
ANANDAMAYI MA

»Wenn man ein Buch liest, glaubt man immer, es ganz zu verstehen, obwohl wir immer nur das aufnehmen können, was sich mit unserem jeweiligen Bewusstseinszustand in Einklang befindet. Dass dies tatsächlich so ist, erkennt man, wenn man gewisse Bücher nach Jahren noch einmal liest. Das Bewusstsein hat sich in diesen Jahren erweitert, weshalb man das Buch plötzlich ganz anders versteht«, sagt Dr. Regina Obermayr-Breitfuß. »Die Physik kennt das Gesetz der Resonanz. Ein einfaches Beispiel für dieses Resonanzgesetz: Eine Stimmgabel schwingt bei einem Ton nur dann mit, wenn der Ton ihrer Eigenfrequenz entspricht. Ist dies nicht der Fall, dann ist der Ton für die Stimmgabel gar nicht vorhanden. Sie kann ihn nicht wahrnehmen. Ebenso braucht der Mensch für jede Wahrnehmung in sich selbst eine Entsprechung, die in der Lage ist, ›mitzuschwingen‹ und ihm durch diese Resonanz erst die Wahrnehmung ermöglicht. Goethe sagte: ›*Wär' nicht das Auge sonnenhaft, die Sonne könnt' es nicht erblicken; läg' nicht in uns des Gottes eigene Kraft, wie könnt' uns Göttliches entzücken.*‹ Jeder Mensch kann immer nur die Bereiche der Wirklichkeit wahrnehmen, für die er eine Resonanzfähigkeit besitzt. Das gilt nicht nur für den Bereich der rein sinnlichen Wahrnehmung, sondern für die gesamte Erfassung der Wirklichkeit. Alles, was außerhalb unserer Resonanzfähigkeit liegt, existiert für uns einfach nicht. Deshalb glaubt jeder Mensch, dass er die Gesamtheit der Wirklichkeit bereits kenne.«

Man muss den Schlüssel finden,
der alle Himmelstore, alle Gärten der Verzückung, öffnet.
Und dieser Schlüssel ist deine Intuition.
JIDDU KRISHNAMURTI

Was ich auf den Spuren der Intuition gelernt habe: Wir können uns von anderen inspirieren lassen, aber wir müssen nicht fremde Meinungen, Vorstellungen und Ansichten übernehmen. Zu leben heißt, wir können selbst Erfahrungen sammeln. Was ist Intuition? Jeder kann es erleben! Ich hoffe, dass dieses Buch den einen oder anderen Leser anregt, sich selbst auf den Weg zu machen und den Spuren der Intuition zu folgen.